Positives Denken

Ich will mehr positive Gedanken!

Resilienz trainieren, Stress bewältigen & Ziele erreichen – Emotionen & Gefühle verstehen, Blockaden lösen & glücklich sein

Bonus:

20 ultimative Tricks für ein

positives Leben!

©2021
Angelika Hornig

Angelika Hornig

Inhaltsverzeichnis

Einleitung............5

In 25 Schritten positiv denken lernen............7

Von Körper zu Geist............46

Destruktive Gedanken und ihre Folgen........57

Persönlichkeit stärken: Die 7 Eckpfeiler der Resilienz............63

RESILIENZ TRAINIEREN UND GELASSENHEIT LERNEN 69

Tipp: Dankbarkeitstagebuch............74

Das Positive: Ihr Katalysator zum Erfolg......76

Manipulation und Einflüsse von außen........87

5 Strategien verdeckte Manipulationen zu erkennen und abzuwehren............90

11 Tipps für mehr Gelassenheit und inneren Frieden............100

Positive Gedanken stärken Ihren Körper....114

Bonus: 20 ultimative Tricks für ein positives Leben!............118

Zusammenfassung............145

Alles Gute! 148

Notizen 153

Einleitung

In unserer modernen Welt gibt es viele Dinge, die wir bewältigen müssen. Dies fällt uns nicht immer so leicht, wie wir es gerne hätten. Zweifel, Angst und oft auch Lustlosigkeit bremsen unser Potenzial gerade dann, wenn wir es nicht wollen.

Der Schlüssel zu einem gesunden Leben ist nicht nur ein gesunder Körper, sondern auch ein gesunder Verstand. Ihr Unterbewusstsein beeinflusst Ihren Alltag mehr als Sie glauben. Wenn aber diese versteckten Gedanken negativ geprägt sind, kann sich dies fatal auf Ihren körperlichen und mentalen Zustand auswirken.

In diesem Buch werden Sie lernen, wie Sie diese negativen Gedanken durch positive Gedanken ersetzen können.

Sie werden:

- Aufgaben und Ängste besser bewältigen

- Ihre Prioritäten sortieren und einschätzen

- Ihren Geist und Ihre Intuition stärken

- Das komplexe System unseres Gehirns erforschen

- Lernen sich wohlzufühlen, selbst in unbekannten Welten

- und noch vieles mehr.

Wenn Sie positiver und gelassener durch das Leben gehen möchten, kann ich Ihnen die Tipps in diesem Buch nur ans Herz legen. Es wird nicht lange dauern, bis Sie merken, dass es auch anders geht!

In 25 Schritten positiv denken lernen

Die innere Einstellung zu ändern und positives Denken für den eigenen Erfolg zu nutzen ist gar nicht so schwer, wie es vielleicht im ersten Moment aussieht.

Sie brauchen dafür lediglich Motivation, Selbsterkenntnis und das große Ziel, endlich glücklich und erfolgreich zu sein. Lernen Sie jetzt in 25 Schritten ein positives Mindset zu entwickeln.

1. Akzeptanz lernen und sinnvoll nutzen!

Der erste wichtige Schritt ist das Akzeptieren von Situationen und Ereignissen, die Sie sowieso nicht ändern können. Betrachten Sie diese lieber genauer und nutzen Sie diese um zu Lernen.

Der Ärger, der sich bei Ihnen einstellt, genauso wie die Gedanken, die Sie sich machen, bremsen Sie nur aus und vergeuden wertvolle Energie, die Sie deutlich sinnvoller nutzen können. Befreien Sie sich von negativen Gedanken, indem Sie Lösungen für das jeweilige Problem aufschreiben.

Damit treten Sie aus der Negativspirale heraus und gehen konstruktiver an das Ereignis oder das Problem heran.

2. Zeigen Sie sich Ihre Stärken und Schwächen auf und suchen Sie nach Verbesserungsvorschlägen für Ihre Schwächen!

Jeder Mensch ist mit Stärken und Schwächen ausgestattet, welche ihn in seiner Denkweise und Persönlichkeit beeinflussen. Immer wieder heißt es, dass Sie Ihre Stärken ausbauen sollten. Doch was machen Sie mit Ihren Schwächen? Sehen Sie diese nicht als Laster, sondern als Herausforderung, etwas zu verändern. Denn auch Schwächen sind ausbaufähig. Um damit arbeiten zu können, müssen Sie sich ihrer bewusst werden.

Da Schwächen oftmals einen bitteren Beigeschmack haben, will man ihnen gar nicht in die Augen schauen und lieber verdrängen. Situationen, in denen eine Schwäche zum Vorschein kommen könnte, werden galant vermieden.

Wer sich aber seinen Schwächen stellt, sich damit auseinandersetzt und Lösungsmöglichkeiten niederschreibt, hat es leichter, daran zu arbeiten.

Sie haben sich durch das Aufschreiben bereits Gedanken gemacht und mit der Problematik auseinandergesetzt.

3. täglich mindestens ein positives Ereignis aufschreiben!

Wenn Ihnen spontan ein positives Erlebnis einfällt, schreiben Sie dieses einfach auf. An einem Tag passieren so viele Dinge, dass Sie schnell den Überblick verlieren und schöne Dinge schlichtweg vergessen.

Das Aufschreiben von positiven Erlebnissen bauen Sie in Ihre täglichen Routinen ein.

Jedes Mal, wenn Sie das Blatt Papier in die Hand nehmen, sehen Sie, dass ein Tag viele positive Erlebnisse hatte. Sie sind wie Sonnenstrahlen im tristen Alltag. Und ohne Sonne gäbe es niemals einen Schatten.

Info: *Haben Sie gewusst, dass das Journal of Research in Personality in einer Studie das Aufschreiben von positiven Erlebnissen untersucht hat? Insgesamt haben an der Studie 90 Probanden teilgenommen.*

Die Hälfte davon musste täglich ein positives Ereignis ausschreiben. Die andere Hälfte hingegen musste einen Text zu einem bestimmten Thema erstellen. Das Ergebnis der Studie ist eindeutig.

Die Probanden, die täglich ein positives Erlebnis aufgeschrieben haben, verfügen über einen besseren Gesundheits- und Gemütszustand als die anderen Teilnehmer.

4. Belohnen Sie sich, wenn ein Ziel erreicht ist!

Der Mensch ist sich im Allgemeinen gar nicht bewusst darüber, was er eigentlich an einem Tag alles erreicht und leistet. Das beginnt morgens früh mit dem Aufstehen und dem Alltag, der danach folgt. Alleine diese Meisterleistung ist schon Grund genug für eine Belohnung.

Indem Sie sich belohnen, steigern Sie Ihre Motivation und gehen positiver an unterschiedliche Aufgaben heran. Visualisieren Sie die Belohnungen, indem Sie diese genauso, wie wichtige Termine in Ihrem Kalender aufschreiben. Es gibt viele Möglichkeiten, sich selbst zu belohnen.

> ein Konzert besuchen

> mit Freunden essen gehen

> ein Kinobesuch

> ein Wellnesstag in der Sauna

> ein neues spannendes Buch kaufen

> einen coolen Städtetrip, wenn ein größeres Ziel erreicht ist

Sollten die Beispiele für Sie, in der aktuellen Situation nicht möglich sein, dann werden Sie kreativ. Verlagern Sie zB. den Kinobesuch in die eigenen 4 Wände und kochen Sie etwas Leckeres dazu.

Belohnungen, positive Erlebnisse, Ihre Stärken und Schwächen können Sie auch in einem Motivationsbuch aufschreiben. So haben Sie alle wichtigen Punkte an einem Ort zusammengefasst, können immer wieder hineinschauen und feststellen, wie sich Ihr Denken verändert hat.

Jeden wichtigen Punkt, den Sie abgearbeitet haben, können Sie durchstreichen und klar erkennen, dass sich etwas bewegt. Es fühlt sich einfach gut an!

5. Nutzen Sie andere Menschen als Inspiration

In Ihrem Umfeld gibt es garantiert Personen, die Sie sehr inspirierend finden. Genau diese Personen sind es, die Sie Ihrem positiven Denken ein Stück weit näherbringen.

Mindestens so viel Inspiration finden Sie in Büchern, Liedtexten, Filmen und kleinen Geschichten. Nutzen Sie kleine Lebensweisheiten, um das positive Denken zu fördern.

In Ihre Morgenroutinen eingebunden geben Sie Ihnen das richtige Rüstzeug für den Tag mit auf den Weg, sodass Sie gut gelaunt und voller Energie in den Tag starten.

6. Schauen Sie bei Ihrer Wortwahl genau hin und verbannen Sie negative Wörter aus Ihrem Wortschatz!

Es gibt Menschen, denen ist Zynismus in großen Buchstaben auf die Stirn geschrieben. Zu finden sind solche Personen auf der Arbeit, in sozialen Netzwerken und sogar im privaten Umfeld. Zu 80 Prozent drehen sich Gespräche mit ihnen um ihre Lebensgeschichte. Dabei steht im Vordergrund, wie krank sie sind und wie schlecht es ihnen geht. In jedem Satz verbirgt sich eine Beschwerde oder Kritik. So möchten Sie doch garantiert nicht auf andere wirken. Denken Sie immer daran, dass Negativität schlimmer als eine ansteckende Krankheit ist.

Tipp: *Versuchen Sie ab sofort ganz bewusst zu sprechen und Ihre Wörter gut auszuwählen. Vermeiden Sie ständiges Jammern und Nörgeln sowie negative Adjektive. Keiner umgibt sich gerne mit Menschen, die durch und durch negativ sind.*

Natürlich dürfen Sie immer noch über einen schlechten Tag schimpfen. Das ist besser, als den Frust herunterzuschlucken. Er ist schwer verträglich und liegt Ihnen schwer im Magen.

Haben Sie sich genug aufgeregt, sollten Sie am Ende über die Situation oder das Erlebnis lachen. Humor und Lachen befreit und sorgt dafür, dass Sie selbst den schlechtesten Tag gut überstehen.

7. Verwandeln Sie Negatives in nutzbringende Ideen!

Machen Sie sich klar, dass Ihre Gedanken Ihre Lebensweise bestimmen. Auch wenn Sie jetzt gerade eine schwierige Phase durchmachen, sollten Sie immer die Kontrolle über Ihre Gedanken haben.

Ihre Gedanken kontrollieren Sie am besten, wenn Sie sich das nächste Mal vor Augen führen, dass sich negative Gedanken eingeschlichen haben. Eine einfache Faustregel hilft Ihnen dabei, negative Gedanken zu entlarven und mit positivem Denken zu beginnen.

„Sagen Sie nichts zu sich selbst, was Sie nicht auch anderen sagen würden!"

Ein kleines Beispiel: Anstatt zu denken, dass Sie von Ihrer neuen Kollegin nicht gemocht werden, denken Sie besser, dass alles gut laufen wird. Sich Sorgen machen ist menschlich! Damit führen Sie eine positive Sichtweise herbei.

Angelika Hornig

Wie sagte Buddha einst sehr weise:

Zitat: *"The mind is everything. What you think you become!"*

19

8. Lachen Sie öfter über sich selbst und lächeln Sie Ihre Mitmenschen an!

Wer eine andere Person anlächelt, bekommt ein Lächeln zurück! Mit Lächeln und Lachen wird eine positive Lebensweise und positives Denken verbunden. Starten Sie ruhig einmal ein kleines Experiment. Über das Ergebnis werden Sie erstaunt sein!

Lächeln Sie doch einfach eine wildfremde Person an der Bushaltestelle oder in der Straßenbahn auf dem Weg zur Arbeit an und schauen Sie, wie diese Person reagiert. Sicher bekommen Sie ein Lächeln zurück, weil Sie als positiver Mensch wahrgenommen werden. Das kleine Lächeln der fremden Person fördert Ihr positives Denken und hebt Ihre Laune.

9. Drücken Sie mit Ihrer Körperhaltung Ihre positive Einstellung aus!

Ihre Körperhaltung ist das Spiegelbild Ihrer Denkweise. Andere Menschen können daran ablesen, ob Sie positiv oder negativ denken.

Menschen mit einer positiven Denkweise haben einen aufrechten Gang, halten die Schultern gerade und zeigen sich in Ihrer vollen Größe.

Wem es an Selbstbewusstsein und einer positiven Einstellung fehlt, zeigt sich dieses in einer gebeugten Körperhaltung, mit hängenden Schultern, um nicht aufzufallen. Sie suchen auch nicht den direkten Blickkontakt, sondern wenden die Blicke immer wieder ab. Starten Sie doch einmal einen Selbsttest. Treten Sie vor einen großen Spiegel, nehmen Sie eine kerzengerade Körperhaltung ein, strecken Sie das Kinn nach vorne und schauen Sie sich selbst in die Augen.

Wie fühlt sich das an? Schnell spüren Sie, dass sich Ihre Stimmung positiv verändert und Sie Energie und Tatendrang versprühen. Genau das Gleiche passiert, wenn Sie den Kopf einziehen, die Schulter hängen lassen und sich klein machen, nur im umgekehrten Sinne. Sofort spüren Sie Niedergeschlagenheit und Energielosigkeit.

Da die Körperhaltung Ihre Gedanken beeinflusst, sollten Sie diese immer wieder kontrollieren. Durch positives Denken stellt sich ganz automatisch eine gute, aufrechte Körperhaltung ein, weil Sie keine Angst davor haben, sich einer neuen Herausforderung zu stellen.

Mit einer aufrechten Körperhaltung erzeugen Sie nicht nur ein selbstbewussteres Bild, sondern strahlen auch Selbstbewusstsein aus.

10. Lesen Sie öfter positive Nachrichten!

Wenn Sie die Tageszeitung durchblättern oder im Internet nach Informationen und News schauen, finden Sie fast ausschließlich Hiobsbotschaften und negative Schlagzeilen.

Sie fühlen sich niedergeschlagen, weil die Welt anscheinend nur noch aus Gewalt, Terror, Krieg, Corona, Verbrechen und wenig konstruktiven Polit-Debatten besteht.

Es gibt auch ganz viele schöne Dinge auf dieser Welt. Wer nur „positive Nachrichten" verfolgt, findet viele schöne Ereignisse, über die täglich berichtet wird. Sie stehen im genauen Gegensatz zu den kommerziellen Nachrichten und sorgen für ein positives Gefühl.

11. Setzen Sie sich langfristige Ziele und überlegen Sie, warum Sie genau dieses Ziel erreichen wollen!

Um nicht sinnfrei in den Tag hineinzuleben, sind Ziele genau der richtige Weg. Neben langfristigen Zielen sollten Sie sich auch kleine Ziele suchen. Sie sind ein Ansporn, verleihen Lebensqualität und fördern die Selbstmotivation. Das Motivationsbuch ist ein guter Platz, um Ihre Ziele aufzuschreiben und sie sich immer wieder vor Augen zu führen. Schreiben Sie neben dem Ziel auch auf, warum Sie unbedingt genau dieses Ziel erreichen möchten.

Langfristige Ziele sollten Sie in kleinere Zwischenziele unterteilen. Die Teilerfolge sorgen dafür, dass Sie am Ball bleiben. Sie sehen, wie Sie Ihrem großen Ziel immer ein Stück näherkommen.

12. Ein gesunder Lebensstil steht in enger Verbindung mit Körper und Psyche

Heute ist es kein großes Geheimnis mehr, dass Sport und Bewegung glücklich machen. Der Körper setzt bei sportlichen Aktivitäten Endorphine frei, die Ihnen ein Glücksgefühl bescheren. Sport und Bewegung können noch viel mehr! Beides verändert auch Ihren Körper. Sie bauen Muskeln auf, bekommen ein definiertes Erscheinungsbild und wirken dadurch deutlich selbstbewusster. Wenn Sie in den Spiegel schauen, gefällt Ihnen das, was Sie sehen. Dafür müssen Sie nicht zwangsläufig in ein Fitnessstudio gehen. Machen Sie regelmäßig eine lange, ausgedehnte Radtour und gehen Sie täglich mindestens 10.000 Schritte. Es wird sich ein anderes Körpergefühl einstellen und eine bejahende Denkweise ergeben. Als schöner Nebeneffekt verbessert sich Ihre Gesundheit. Binden Sie Bewegung und sportliche Aktivitäten in Ihren Tagesablauf mit ein.

Achten Sie auch auf Ihre Ernährung. Anstatt Burger, Pizza & Co. sollten Sie sich gesund und ausgewogen ernähren. In Bezug auf das Wohlbefinden und die Psyche spielt die Ernährung eine tragende Rolle. Wenn Sie sich in Ihrem Körper wohlfühlen, hat dies positive Auswirkungen auf Ihre Psyche.

Zitat: *„Man muss dem Körper Gutes tun, damit die Seele Lust hat, darin zu wohnen!"* (Winston Churchill)

Tipp: *Wenn Sie 80 Prozent des Tages am Schreibtisch sitzen, können Sie trotzdem etwas für Ihr Wohlbefinden und die Gesundheit machen. Mit einem ordentlichen Drehstuhl und der richtigen Sitzposition haben Sie einen positiven Einfluss auf Ihre Körperhaltung und vermeiden Verspannungen. Verwenden Sie einen Schreibtisch, der in der Höhe verstellbar ist. So haben Sie die Möglichkeit, zwischen einer sitzenden und stehenden Körperhaltung zu wechseln.*

Das Mini-Workout am Arbeitsplatz hält Sie auch während den langen Arbeitsstunden fit und verbreitet gute Laune!

13. Suchen Sie in Ihrem sozialen Umfeld nach positiven Dingen!

Gute Laune hat eine ganz besondere Wirkung, da sie ansteckend ist. Umgeben Sie sich überwiegend mit positiven Menschen, denn diese Positivität färbt auf Sie ab, wirkt inspirierend und macht glücklich. Haben Sie nach einer Zusammenkunft mit anderen Menschen ein bedrückendes niedergeschlagenes Gefühl, ist dafür die negative Ausstrahlung dieser Menschen verantwortlich. Fühlen Sie sich aber energiegeladen, voller Tatendrang und glücklich, haben Sie sich von der Energie und dem positiven Denken anstecken lassen.

Die ungeheure Kraft der positiven Empfindungen beflügelt Sie, Dinge anzupacken und vorwärts zu schauen. Das sind Erlebnisse und Empfindungen, die Ihnen nur ein positives Umfeld bietet.

Zitat: „*People will forget what you said, people will forget what you did, but people will never forget how made them feel.* " (Maya Angelou)

14. Momente hinterfragen und herausfinden, was Ihnen guttut!

Eine schöne Möglichkeit, um sich an besondere Dinge zu erinnern und daraus Energie zu schöpfen, ist das Innehalten und über die unterschiedlichen Augenblicke am Tag nachzudenken. Es gibt Tage, die gut laufen und andere, an denen Situationen eintreten, die eine negative Stimmung verbreiten. Auch schlechte Tage haben eine Daseinsberechtigung und bieten Ihnen besondere Momente, die Sie auf den ersten Blick nicht sehen. Doch der zweite Blick offenbart Ihnen, was der jeweilige Moment an Gutem für Sie bereitgehalten hat. Selbst das größte Desaster oder Missgeschick hat eine gute Seite. Diese müssen Sie nur erkennen. Das Herauskristallisieren von positiven Dingen ermöglicht Ihnen eine neue, veränderte Sichtweise und hilft Ihnen dabei, positives Denken zu erlernen.

Durch Hinterfragen, herausfinden und erkennen, was Ihnen guttut, leben Sie deutlich bewusster.

15. Lachen Sie so viel und so oft wie möglich!

Lachen Sie nicht nur mit Freuden zusammen über lustige Situationen oder Erlebnisse, sondern auch über sich selbst.

Diejenigen, die über sich selbst lachen und sich gleichzeitig nicht so ernst nehmen, haben sofort eine sympathischere Ausstrahlung. Lachen schafft zwar keine Veränderung der momentanen Situation, dient aber als gutes Ventil und verhindert, dass der Ärger über den kleinen Fehltritt als negative Belastung den ganzen Tag erhalten bleibt. Missgeschicke sind menschlich. Davon geht nicht gleich die Welt unter. Wichtig ist, dass Sie die Situation akzeptieren, sich Ihren Fehler eingestehen und herzlich darüber lachen. Denn Sie können die Situation weder ändern noch rückgängig machen.

16. Sie sind Ihr eigener Lebens-schöpfer und kein Opfer!

Immer wieder gibt es Schicksalsschläge und gravierende Veränderungen, auf die Sie keinen Einfluss nehmen können. Sie gehören zum Leben einfach dazu. Trauern Sie ruhig und reden Sie darüber.

Schlüpfen Sie aber nicht in die Opferrolle. Sie ist nicht die Rolle in Ihrem eigenen Theaterstück, die Ihnen auf den Leib zugeschnitten ist. Sie schwächt Ihr Selbstbewusstsein, schürt Ängste, hat eine lähmende Wirkung und entmachtet Sie.

„Durch den zeitintensiven Job habe ich gar keine Zeit mehr für mich selbst!" Kommt Ihnen dieser Satz bekannt vor? Sie haben ihn bestimmt auch schon verwendet, vielleicht in einem anderen Zusammenhang. Stopp! Seien Sie ehrlich! An dieser Situation sind Sie nicht ganz unschuldig, weil Sie sich zum Opfer machen.

Um etwas zu verändern, benötigen Sie ein gewisses Maß an Mut und Risikobereitschaft, da Sie Ihre negative Denkweise in positives Denken umwandeln müssen.

Das Glück liegt in Ihrer Hand und Sie haben alle Freiheiten, um Ihr eigenes Leben und die dafür nötigen Schritte zu bestimmen. Setzen Sie Prioritäten, schaffen Sie Freiräume und legen Sie fest, was Ihnen wirklich wichtig ist, ohne sich von äußeren Einflüssen manipulieren zu lassen.

Es gibt nämlich nichts, was wichtiger ist als Sie selbst, schon gar nicht die Erwartungen, die andere an Sie stellen.

17. Starten Sie positiv in den Tag mit energiegeladenen Morgenroutinen

Energiegeladene, morgendliche Routinen sind tolle Angewohnheiten, weil Sie dadurch jede Menge Energie und einen unbeschreiblichen Tatendrang erlangen, der über den ganzen Tag für Sie verfügbar ist. Früh aufstehen und Morgenrituale, die Ihnen Freude bereiten, haben positive Auswirkungen auf Ihren Gemütszustand und Ihre Motivation.

Stellen sich dafür ein Zeitfenster zur Verfügung, um den Tag ohne Stress zu beginnen.

Nach dem Aufstehen haben Sie genügend Zeit, um sich zu sammeln, die Gedanken zu sortieren und Pläne für den Tag zu schmieden.

Schlafen Sie hingegen bis zur letzten Minute, haben Sie die wichtige Zeit für sich selbst verschwendet. Nun muss es schnell gehen, damit Sie rechtzeitig auf der Arbeit sind. Für energiegeladene Morgenroutinen ist kein Platz.

Der Stress nach dem Aufstehen wird Sie den ganzen Tag über begleiten und das positive Denken nachhaltig negativ beeinflussen.

Tipp: *Dehnübungen, ein Glas Zitronenwasser oder ein gesundes Frühstück wirken besonders vitalisierend, regen den Stoffwechsel an und setzen Energie frei. Probieren Sie es einfach einmal aus!*

18. Den Terminplaner für Arbeits- und Freizeittermine nutzen!

Arbeit ist wichtig, da Sie durch das verdiente Geld Ihr Leben finanzieren. Das ist richtig! Doch gibt es auch noch andere Dinge im Leben. Wer viel arbeitet und gute Leistung erbringt, muss sich auch ein Zeitfenster für die Freizeit gönnen. Diese Zeit ist für Körper und Seele extrem wichtig, auch wenn Work-Life-Kritiker dazu eine ganz andere Einstellung haben.

Schauen Sie sich einmal Ihr Zeitmanagement an und schaffen Sie sich Freiräume für Ihre Freizeittermine. Letztendlich ist Zeitmanagement nichts anderes als eine gut geplante Selbstorganisation, die in Ihren Händen liegt. Gönnen Sie sich die Stunde am Tag für Sport oder andere Dinge, die Sie gerne machen.

Das Aufschreiben der Freizeittermine in Ihrem Terminkalender hat noch einen schönen Nebeneffekt.

Sie geben Ihnen ein tolles Gefühl, weil neben den unzähligen Arbeitsterminen der Freizeittermin steht, auf den Sie sich den ganzen Tag freuen können. Dieses positive Gefühl hilft Ihnen dabei, selbst in stressigen oder unschönen Situationen positives Denken beizubehalten.

19. Stärken Sie Ihr Selbstbewusstsein!

Menschen mit einem positiven Selbstbild verfügen ganz automatisch über eine positive Denkweise. Sie haben Vertrauen in sich selbst und blicken optimistisch in den Tag und auf die Dinge, die Ihnen begegnen.

Diese Menschen haben ein Wissen um Ihre Stärken und Schwächen und kennen diese ganz genau. Nehmen Sie sich solche Menschen und suchen Sie nach Parallelen, gleichen Verhaltensmustern und Eigenschaften.

Sie werden viele Dinge erkennen und sehen, dass Sie selbst ein einzigartiger Mensch sind.

20. Gehen Sie hinaus in die Welt und lösen Sie sich von sozialen Medien!

Sie öffnen Facebook, Twitter oder Instagram und sehen, dass Ihre Freunde etwas gepostet haben.

Die einen sind schon wieder im Urlaub und vergnügen sich am Strand, die anderen machen eine spannende Bergtour und Sie sitzen in Ihrem Büro und müssen sich durch Aktenberge quälen. In der Chronik eines weiteren Freundes lesen Sie, was dieser innerhalb kürzester Zeit alles erreicht hat.

Sie ziehen Vergleiche zu Ihrem eigenen Leben und halten sich vor Augen, wo Sie momentan stehen. Halt! Stopp! Hören Sie sofort mit diesen negativen Gedanken und den Vergleichen mit anderen auf. Diese Denkweise bringt Sie nur in eine Abwärtsspirale.

Info: *Vor einiger Zeit gab es im „The Guardian"
einen Bericht über eine Studie. Dabei wurden bei
mehr als 1.500 Personen im Alter zwischen 14
und 24 die Auswirkungen der Social-Media-Ka-
näle untersucht. Die Ergebnisse brachten zu-
tage, dass sich durch die Verwendung von Facebook, Instagram, Twitter & Co. das Gefühl von
Angst und Ungenügend sein verstärkt. "*

Hören Sie auf, Ihr Leben in Social-Media-Kanä-
len zu leben und legen Sie den Fokus auf die
Dinge, die Ihnen guttun. Damit verhindern Sie,
dass Sie in eine Abwärtsspirale geraten. Sie haben in Ihrem Leben schon so vieles erreicht und
Sie können noch viel mehr bewerkstelligen. Befreien Sie sich langfristig von Ihrem selbst er-
zeugten Druck und konzentrieren Sie sich auf
sich selbst. Es stellt sich Zufriedenheit und vor
allen Dingen eine positive Einstellung ein. Die
langfristige Entwöhnung ist genau der richtige
Kick für Ihre positiven Gedanken.

21. Mit Hilfe von Meditation Kraft schöpfen!

Meditation ist das richtige Werkzeug, um der Welt mit ihren vielen Informationen zu entfliehen und sich auf sich selbst zu konzentrieren. Indem Sie auf Ihre Atmung achten und alles andere ausblenden, erleben Sie einen ganz neuen Betrachtungswinkel, der Ihnen bisher verborgen geblieben ist. Meditation hat einen tollen Lerneffekt. Sie verbannen dabei die negative Denkweise aus Ihrem Kopf, schaffen Platz und haben eine bessere Kontrolle über Ihre Gedanken. Nehmen Sie sich die Zeit, zwischendurch zu meditieren und auf sich selbst zu konzentrieren. Damit trainieren Sie positives Denken.

22. Suchen Sie sich Projekte, um in der Welt etwas zu bewegen!

Negative Gedanken entstehen, weil Menschen sich machtlos fühlen und sich die Empfindung breit macht, dass Sie ganz alleine auf weiter Flur sind. Die Aussage *„gemeinsam sind wir stark und können Großes erreichen"* verliert ihre einzigartige Kraft, da sich durch die negativen Gedanken nur noch mit sich und seinen eigenen Problemen beschäftigt wird. Oftmals sind es schon kleine Gesten, die die Welt positiver erscheinen lassen und sogar schöner machen. Warum helfen Sie nicht einmal einer älteren Dame mit ihren schweren Einkaufstaschen, einem älteren Herrn über die Straße oder einer jungen Mutter mit Kinderwagen ein unüberwindbares Hindernis zu überwinden? Warum beteiligen Sie sich nicht an einem interessanten Spendenprojekt? Die Möglichkeiten sind schier unendlich, um anderen Menschen eine Freude zu bereiten. Sie werden auch selbst davon profitieren, weil sich ein gutes Gefühl breitmacht.

23. Der Fokus liegt auf der Gegenwart!

Ihr Leben findet im Hier und Jetzt statt, nicht in der Zukunft und schon gar nicht in der Vergangenheit! Bei einer gedanklichen Reise in die Vergangenheit oder Zukunft sind Sie zwar körperlich anwesend, aber gedanklich in einer ganz anderen Welt.

Leben Sie in der Gegenwart. Denn hier passiert das Leben und es ist kein Platz für Illusionen. Schaffen Sie Klarheit und begreifen Sie, dass „Gestern" und „Morgen" nur Konzepte sind. Im Hier und Jetzt stehen Sie mittendrin, verlieren Sie sich nicht in der Vergangenheit und jagen keinen Zukunftsträumen hinterher, für die Sie in der Gegenwart den Grundstein noch nicht gelegt haben.

24. Tauschen Sie schlechte Gewohnheiten gegen positive aus!

Das Unterbewusstsein ist der Ort, an dem 95 Prozent aller Entscheidungen getroffen werden. Zudem gibt es unterschiedliche Angewohnheiten, gute und schlechte, die Ihre Entscheidungen beeinflussen, Sie aber nicht weiterbringen und viel kostbare Zeit stehlen.

Ein Beispiel für Zeitdiebe sind soziale Netzwerke. Bei Facebook, Twitter, Instagram & Co. wird immer dann vorbeigeschaut, wenn Langeweile aufkommt und Sie Ihre Neugier befriedigen wollen. Aus einem kurzen hineinschauen wird schnell eine Stunde und mehr, sodass Sie viel kostbare Zeit und Energie verschwenden, die Sie anderweitig viel sinnvoller nutzen können. Mit einem Masterplan gelingt es Ihnen schlechte Gewohnheiten zu enttarnen und abzulegen und gegen gute, positive auszutauschen.

Jedes Mal, wenn Sie eine schlechte Gewohnheit aufgespürt und gegen eine gute ausgetauscht haben, machen Sie an dem Tag einen Haken in Ihrem Kalender.

Es kann Ihnen aber auch passieren, dass Sie schlechte Gewohnheiten unbewusst wieder aufgreifen. Wird Ihnen das bewusst, handeln Sie sofort und ersetzen Sie diese durch eine gute, positive Gewohnheit.

25. Rufen Sie sich regelmäßig Ihre bisher erreichten Erfolge ins Gedächtnis!

Wenn Sie einmal darüber nachdenken, wird Ihnen bewusst, wie viele positive Dinge in recht kurzer Zeit passiert sind. Genau diese positiven Veränderungen sind Ihr Brunnen, aus dem Sie immer wieder ein unbeschreiblich gutes Gefühl abschöpfen können.

Schaffen Sie sich Freiräume, um Ihre Erfolge zu visualisieren und zu feiern. Lernen Sie die Resultate zu schätzen und entwickeln Sie das Bewusstsein dafür, dass Sie ganz alleine mit Ihren positiven Gedanken erfolgreich waren und das Ziel erreicht haben.

Von Körper zu Geist

Wie zuvor erwähnt, haben Bewusstsein und Unterbewusstsein eine große Macht. Ob Sie diese nutzen oder sich von diesen steuern lassen, hängt ganz an Ihnen. Manche Dinge können wir selbst nicht beeinflussen. Unser Herzschlag, Blutkreislauf und unsere Atmung sind Dinge, die einfach von der Hand gehen, ohne dass wir uns aktiv mit diesen beschäftigen. Wir sind der Puppenspieler, welcher selbst an eine Naht gebunden ist. Wir bewegen unsere Knochen und Muskeln, strecken unsere Arme und Beine und navigieren mit unseren Augen.

Als Gast in unserem eigenen Körper, genießen wir einen riesigen Vorteil, welchen unser Unterbewusstsein nicht hat. Wir haben die Möglichkeit der Pause. Wer hätte gedacht, dass so etwas ein Segen sein könnte?

Ich selbst war fassungslos als ich mir bewusstwurde, wie glücklich ich mich schätzen kann, dass ich die Wahl habe.

Stellen Sie sich doch einfach mal vor, wie das Leben wäre, wenn Sie von Geburt an bis zum Ende nicht eine einzige Sekunde Ruhe und Frieden genießen könnten. Wahrscheinlich nicht Ihre erste Wahl, oder? Nun, unser Unterbewusstsein hat leider nicht die Wahl. Dieses ist rund um die Uhr für uns im Einsatz und sorgt dafür, dass unser System, der Körper, funktionieren kann. Gesteuert wird alles von dem Gehirn. Dieses ist unsere Kommandozentrale und ist dafür verantwortlich, welche Befehle an die unterschiedlichen Bereiche unseres Körpers gesendet werden.

Auch im Schlaf arbeitet unser Gehirn zusammen mit unserem Geist auf Hochtouren. Pausen gibt es nicht, dafür kann es beim Schlafen zumindest ein bisschen Last verarbeiten und dafür sorgen, dass wir am nächsten Morgen wieder frisch und munter sind.

Wie Sie sehen, ist das Schlafen so viel mehr, als es den Anschein macht. Eine gesunde Balance ist wichtig, damit nicht nur unser Körper stark bleibt, sondern gleichzeitig auch unser Geist und Verstand, sich zumindest ein bisschen erholen können. Tun Sie sich selbst einen Gefallen und achten Sie auf Ihren Schlaf. Sie werden schnell spüren, dass Ihnen die Dinge leichter fallen werden!

Was Sie auch immer in diesem exakten Moment gerade Denken, Ihr Unterbewusstsein verarbeitet noch mehr Informationen als Sie. Welche Gedanken, Meinungen und Theorien Sie auch haben mögen, alles wird von dem inneren Auge genauestens unter die Lupe genommen. Ereignisse und Zustände im Alltag können auch noch so schnell passieren, unser Verstand ist trotz allem immer noch in der Lage, diese auf das kleinste Detail zu archivieren.

Wir selbst sind leider nicht in der Lage, diese Informationen direkt aus den Tiefen unseres Unterbewusstseins abzurufen. Dies ist wahrscheinlich auch gut so, denn nicht immer wollen wir die Dinge, die uns Angst oder Trauer bereiten, in jedem einzelnen Detail wieder erleben.

Es ist also auch ein schützender Mechanismus, der unseren Verstand vor zu vielen Informationen schützen soll. Wahrscheinlich haben Sie auch schon mal von dem Begriff **PTSD** (Posttraumatische Belastungsstörung) gehört. Wenn man diesen Mechanismus nicht mehr richtig nutzen kann, kann es zu gravierenden Schäden unserer mentalen Gesundheit führen.

Alle Ihre Gedanken werden von Ihrem Gehirn aufgenommen. Dieses Organ ist wahrscheinlich am engsten in Verbindung mit unserem Geist, da wir dieses selbst auch aktiv nutzen, um überhaupt denken zu können. Sobald Sie etwas in unserer realen Welt aufgenommen haben, wird diese Information zu einem Teil Ihres Geistes. Sie können von nun an entscheiden, was Sie mit diesem Stück Wissen anfangen wollen.

Ein Beispiel:

Wenn Sie draußen auf der Straße einer seltenen Hunderasse begegnen, wird sich diese Information effektiver in Ihrem Geist verankern, da es sich um Etwas handelt, was sich außerhalb von dem befindet, was wir als „normal" empfinden würden. Dem kleinen Dackel, welchen wir jeden Tag beim Spazierengehen sehen, wird dagegen als sehr irrelevant abgestuft, da wir bereits genügend Informationen über diesen verfügen.

Wenn das Gehirn dann beim Schlaf ein wenig entlastet wird, werden oft neue Informationen mit hoher Priorität verarbeitet. Ihnen ist es bestimmt schon passiert! Sie haben am Tag X etwas Außergewöhnliches erlebt, und noch in derselben Nacht von diesen Ereignissen geträumt. Unsere Gedanken können sich im Schlaf viel besser entfalten und einordnen, auch wenn wir selbst davon gar nichts mitbekommen. Dieser Prozess ist wichtig, damit wir Realität und Fiktion auseinanderhalten können.

Unser Unterbewusstsein ist nicht dafür zuständig, logische Verknüpfungen zu erstellen. Das ist dann immer noch unsere Aufgabe, was extrem wichtig ist.

Unser Unterbewusstsein sollte nämlich niemals die direkte Kontrolle über uns besitzen. Wenn Sie Ihrem Körper einen Befehl geben, hat sich dieser, ohne auch nur eine Sekunde zu zögern zu sputen.

Sie selbst müssen Situationen einschätzen und Tatsachen akzeptieren, ob Sie es wollen oder nicht. Wenn wir selbst nicht mehr Herr unseres Verstandes sind, kann dies schnell zu gefährlichen Tendenzen führen. Realität und Fiktion vermischen sich und Bilden ein Konstrukt, welches wir dann nicht mehr auseinanderhalten können.

Oft beschreiben Menschen mit psychischen Störungen, dass sie die Welt aus einer anderen Perspektive sehen. Wenn man darüber nachdenkt, ist es eigentlich gar nicht so einfach, sich in solch einen Zustand zu begeben. Es benötigt oft eine Art von Information, die unser Gehirn nicht verarbeiten kann oder möchte. Ereignisse, die selbst für unser Unterbewusstsein zu abstrakt sind, um diese auch in die noch so skurrilste Kategorie einzustufen.

Als Resultat wirren diese Gedanken dann ziellos im Geiste des Opfers umher, und lassen diesem oft keine Minute zum Ruhen.

Von außen sehen wir das natürlich nicht. Wir als Mitmenschen können lediglich nur ahnen, wie es dem anderen geht. Umso wichtiger ist es, dass wir uns um unsere Nächsten kümmern. Isolation wird selbst den stärksten Willen auf die Dauer brechen, denn der Mensch ist ein soziales Wesen. Ständig haben wir Bedürfnisse, mit anderen zu interagieren. So bestätigen wir nicht nur unsere eigene Position in dieser Welt, sondern sorgen gleichzeitig auch dafür, dass unsere eigene Existenz in den Datenbanken der anderen, Tief und fest verankert sind. Eine Person auf der Straße vergessen wir innerhalb von wenigen Sekunden, einen Lebensgefährten bis ins hohe Alter nicht.

Also: Geben Sie Ihrem Körper und Geist die nötige Ruhe. Lassen Sie sich von Ihrem Unterbewusstsein nicht in die Knie zwingen und behalten Sie immer im Hinterkopf, dass Sie die Kontrolle über Ihre Gedanken haben.

Fürchten Sie sich nicht vor dem Schlaf. Dies ist eine gute Gelegenheit, um Ihre inneren Wünsche, aber auch Ängste und Zweifel, zu sortieren.

Behalten Sie einen kühlen Kopf und denken Sie immer daran, dass Ihre Gedanken nicht immer der Realität entsprechen müssen. Oft liegen wir mit unseren Annahmen daneben, was uns manchmal positiv überraschen kann!

Wissen Sie, worauf Ihr Unterbewusstsein noch mehr Einfluss hat als Sie selbst? Ihren Körper! Ob Sie nun hellwach sind oder nachts schlafen

– Ihr Unterbewusstsein stellt sicher, dass alles reibungslos vonstattengeht. Der gesamte Organismus Ihres Körpers wird von diesem gesteuert. Ihr Herzschlag lässt sich stark davon beeinflussen, wie Sie sich gerade fühlen. Panik und Ängste lassen dieses in die Höhe schießen, aber auch Freude und ein gesundes Lachen, können unseren Herzschlag wandeln. Das Blut in unserem Körper wird ständig mit neuem Sauerstoff versorgt.

Selbst unsere Verdauung gehört zu den zahlreichen Aufgaben, welche unser Unterbewusstsein für uns übernimmt.

Interessant ist dabei zu sehen, wie unser Körper auf die unterschiedlichen Situationen und Umstände reagiert. Ähnlich wie beim Sport, kann unser Körper auch durch andere Dinge stark ins Schwitzen kommen. Haben wir zum Beispiel zu viele negative Gedanken, werden Sie feststellen, dass selbst einfache Aufgaben wie Zähne putzen oder aufräumen zu einer lästigen Angelegenheit werden.

Unser Körper signalisiert uns so, dass etwas nicht ordentlich verarbeitet wurde. Oft werden diese Symptome auf andere Dinge geschoben, weil es uns auch oft an Einsicht fehlt. Das ist leider ein Problem, was jeder Mensch von Geburt an mit sich trägt. Man kann noch so selbstlos sein, wie man möchte, das Unterbewusstsein wird immer das eigene Wohl an erste Stelle packen.

Suchen Sie in solchen Fällen nicht nach Ausreden, um Ihren aktuellen Zustand zu rechtfertigen, sondern stellen Sie sich selbst die kritischen Fragen, vor denen andere vielleicht Angst haben würden.

Wir besitzen nur diesen einen Körper. Es sollte immer unsere höchste Priorität sein, diesen vor Schaden jeglicher Art zu schützen. Ihr Unterbewusstsein tut dies automatisch, doch funktioniert dieser Schutz auch nur, wenn Sie sowohl körperlich als auch psychisch gesund und munter sind. Es gibt viele Quellen, die Ihr Unterbewusstsein nutzt, um Ihnen ständig mitzuteilen, warum Sie auf sich selbst aufpassen müssen. Oft ist es die Familie, die uns am Herzen liegt. Vielleicht auch ein großer Traum, welchen man nur erfüllen kann, wenn man auf sich selbst und seinen Körper aufpasst. Es hat schon einen Grund, warum wir uns schlecht fühlen, wenn wir die Regeln brechen, die wir uns selbst aufgestellt haben. Ein bekanntes Beispiel wäre das „Cheaten" bei der Diät. Ein kleiner Moment der Schwäche und schon hat man den Schokoriegel im Mund.

Dem Körper macht dieser eine Bissen nichts aus, aber das Unterbewusstsein weiß ganz genau wie gravierend es ist, wenn man sich selbst nicht treu bleiben kann. Behalten Sie immer im Hinterkopf, dass unsere Körper mit dem Alter nicht besser, sondern schlechter werden.

Destruktive Gedanken und ihre Folgen

Wenn Sie positiver denken möchten, müssen wir zunächst dafür sorgen, dass Sie nicht nur negative Gedanken ausblenden und mit diesen abschließen, sondern es gilt auch dafür zu sorgen, dass Sie verstehen, wie diese Gedanken entstehen und welche Folgen diese für Sie und Ihren Körper haben können. Diese Gedanken kommen in unterschiedlichen Variationen und sind für jeden von uns anders.

Es gibt keinen Guide auf dieser Welt, welcher eins zu eins auf Ihren Fall anzuwenden ist. Sie allein sind der Schlüssel zu diesem Problem und nur Sie allein können dazu beitragen, es zu lösen. Natürlich müssen Sie dies nicht allein tun. Die Inhalte in diesem Buch vermitteln Ihnen Tipps und Tricks, die Sie frei anwenden können. Doch sollten Sie auch nicht zögern, andere Menschen nach ihren Erfahrungen zu befragen.

Werden Sie dabei nicht zu persönlich und achten Sie besonders darauf, dass Sie Ihrem gegenüber nicht zu sehr auf die Pelle rücken. Nicht alle sind vielleicht so offen wie Sie und bereit, über ihre Gedanken frei zu reden.

Besitzen Sie nun destruktive Gedanken, ist dies zunächst kein Grund, alle Alarmglocken auf Rot zu stellen. Wir sind immer noch Menschen und haben gelegentlich den ein oder anderen Aussetzer. Wut und Zorn sind Dinge, die wir alle kennen. Solche Gefühle lassen sich für uns nur schwer unterdrücken, besonders dann, wenn wir keine Macht in einer bestimmten Situation haben. Sind diese Gedanken im Geist angekommen, werden diese wie alle anderen Informationen verarbeitet. Nun wird es interessant. Unser Unterbewusstsein arbeitet nun mit diesen Gedanken und versucht verzweifelt, diese in eine passende Kategorie einzuordnen. Tief im inneren weiß es aber auch, dass unser aktives Bewusstsein mit diesen Gedanken noch nicht abgeschlossen hat.

Unser bewusstes „Ich" hat nämlich noch ein paar Rechnungen zu begleichen, jedenfalls glauben wir das. In Wahrheit lässt es sich nur schwer sagen, warum wir uns so schwer damit tun, Wut und Hass so zu verarbeiten, wie wir es mit anderen Gedanken tun.

Meistens reicht es nicht aus, nur die Ursache dieser Gedanken zu beseitigen. Wenn man für viele Jahre gelitten hat, ist es nie gut genug zu sagen, dass es nun besser wird, nur weil das Problem nicht mehr präsent ist.

Der Schaden ist schon lange entstanden und ist zu diesem Zeitpunkt auch schon ein Teil des Geistes. Destruktive Gedanken sind deshalb so gefährlich, da wir diese einfacher wahrnehmen als die Dinge, die uns glücklich machen. Kaufen Sie für 100 Tage in Folge Früchte beim wöchentlichen Markt, werden Sie sich an den Tag erinnern, an dem die Früchte verdorben waren. Für uns ist es einfach sich die schlechten Dinge zu merken, da diese seltener in unserem Leben vorkommen und oft auch größeren Einfluss auf uns und unser Umfeld haben.

Jeder einzelne negative Gedanke schadet uns und unserem Geist. Jedes Mal, wenn Sie sich durch Zorn, Angst und Eifersucht beeinflussen lassen, verlieren Sie einen Kampf gegen sich selbst.

Diese Emotionen sind Gift für Körper und Geist. Ein Gift, welches uns je nach Dosierung von innen heraus zerstören kann. Selbst wenn es nicht allzu häufig vorkommt, kann ein geschädigtes Unterbewusstsein dafür sorgen, dass wir in den wichtigen Momenten im Leben die falsche Entscheidung treffen.

Quizfrage: Würden Sie es als rational betrachten, wenn eine Mutter während der Schwangerschaft pausenlos raucht und Alkohol konsumiert? Sicherlich wissen Sie die Antwort bereits, und ich kann Ihnen sagen, dass es die Mutter auch tut! Trotzdem lässt sie sich von Ihrem Unterbewusstsein steuern, weil dieses nicht mehr weiß, was es mit den vorhandenen Informationen anstellen soll. In solchen Situationen kann es schwer werden, negative Gedanken zu bekämpfen.

Doch sollte man den Kampf niemals aufgeben, egal wie hart dieser noch werden könnte. Sie haben immer die Gelegenheit, Ihre alten Gewohnheiten zu ersetzen!

Zunächst werden wir uns darum bemühen, Lösungsansätze für die negativen Gedanken zu finden.

Haben Sie nun ein Problem, welches sich vor langer Zeit abgespielt hat, gehe ich davon aus, dass Sie Schwierigkeiten damit haben, mit diesem abzuschließen.

Sie brauchen keine Angst vor dem Unbekannten zu haben. Genießen Sie Ihr Leben in vollen Zügen und Sie werden merken, dass es sich immer lohnt, nach vorne zu schauen.

Haben Sie Probleme mit Wut und Zorn, kann ich Ihnen empfehlen, dass Sie sich nach einer Art Ventil umschauen. Wenn wir das Problem selbst nicht direkt lösen können, müssen wir nach Umwegen suchen.

Wenn sich keine Umwege finden lassen, müssen wir kreativ werden.

Was uns zum nächsten Kapitel bring, welches gleichzeitig eines der wichtigsten Kapitel ist, wenn um die Bewältigung von Krisen und Stress geht.

Persönlichkeit stärken:
Die 7 Eckpfeiler der Resilienz

Mit den 7 Eckpfeilern sind wichtige Merkmale der Persönlichkeit eines Menschen gemeint, die ihn bei der Bewältigung von Krisen und Stress auszeichnen. Zusammengenommen ergeben sie die einzigartigen Charaktereigenschaften, die resiliente Menschen vorzuweisen haben.

- Selbstbewusstsein
- innere Stärke
- Gefühlsstabilität
- Optimismus
- Kontaktfreude
- Handlungskontrolle
- Realismus
- Analysestärke

Können Sie sich mit diesen Punkten identifizieren? Wie viele davon haben Sie bei sich selbst entdeckt?

Je höher die Zahl der Eigenschaften ist, desto mehr Widerstandskraft steht Ihnen zur Verfügung, um Krisen, Probleme und Ängste ohne extreme Gefühlsausbrüche zu überwinden.

- Das **Selbstbewusstsein** resilienter Menschen erzeugt den starken Glauben an die eigenen Kompetenzen und Fähigkeiten. Jammern ist für sie keine Option. Die Energie wird dafür verwendet, etwas zu verändern und zu bewegen. In der heutigen Geschäfts- und Wirtschaftswelt ist diese Eigenschaft von großer Bedeutung. Durch das ausgeprägte Selbstvertrauen sind diese Menschen in der Lage, selbst passende Lösungsmöglichkeiten zu finden. Sie erhalten Bewunderung von anderen und geben damit ihrem Vertrauen in sich selbst einen deutlichen Schub nach vorne.

- Die **Gefühlsstabilität** ist bei resilienten Menschen sehr ausgeprägt, weil sie innere Stärke besitzen und in der Lage sind, die Aufmerksamkeit richtig zu steuern und analytisch mit Gefühlen umzugehen. Sie lokalisieren die Belastungsauslöser, wie Sorgen, Kummer, Stress und Feindseligkeiten und betrachten diese als Herausforderung. Damit gelingt es ihnen, nach kurzer Zeit wieder in den richtigen Flow zu kommen. Sie haben einen unerschütterlichen Glauben an sich selbst. Daraus erwächst innere Stärke und Gefühlsstabilität.

- Resiliente Menschen sind Optimisten. Denn durch ihren **Optimismus** sind sie dazu in der Lage, Dinge positiv zu sehen und in verschiedenen Krisensituationen Widerstandsfähigkeit zu beweisen. Es gibt bei ihnen keine Verallgemeinerungen. In ihrem Wortschatz gibt es keine Sätze wie „das schaffe ich nicht". Es wird den Tatsachen ins Auge geschaut. Dinge, die gerade nicht rund laufen, funktionieren garantiert beim nächsten Mal.

Sie schlüpfen auch nicht in die Opferrolle und suchen bei sich selbst die Schuld. Die Niederlage wird akzeptiert und es wird nach neuen Lösungsmöglichkeiten Ausschau gehalten. Mit ihrer optimistischen Einstellung eröffnen sich neue Chancen, um Probleme zu beseitigen. Krisen sind nicht mehr allumfassend, sondern zeitlich begrenzt, bis eine Lösung gefunden ist. Damit verlieren Krisen an Gewicht.

- Resiliente Menschen reden gerne und haben gerne Kontakt zu anderen Menschen. Durch die **Kontaktfreude** und das Mitteilen sind sie in problematischen Situationen nicht alleine, da andere Menschen mit einbezogen werden. Es entstehen aktive Gespräche mit Menschen, die über Einfühlsamkeit verfügen, als Unterstützer agieren und dem

Gesprächspartner die eigenen Stärken aufzeigen.

Kontaktfreudige Menschen sind durch ihre emotionale Intelligenz in der Lage, Verhalten richtig zu deuten, gelassen damit umzugehen und lange Beziehungen aufzubauen.

- Resilienz beschert eine sehr gute **Handlungskontrolle**. Dadurch entstehen deutlich weniger impulsive Reaktionen, weil mit negativen Reizen überlegter und kontrollierter umgegangen wird. Das Gleiche gilt für positive Reize wie Belohnungen. Es wird abgewägt, ob eine sofortige Belohnung oder spätere Belohnung sinnvoll ist, weil der Verzicht auf Gratifikation dienlicher für Zukunftsziele ist.

- Ein gesunder **Realismus** gehört zur Ausstattung von resilienten Menschen. Sie denken langfristig und leiten die Denkvorgänge von realistischen Zielen ab.

Dadurch entsteht das perfekte Grundgerüst, um nicht durch kurzzeitige Wendepunkte im Leben das eigentliche Ziel aus den Auge zu verlieren. Es erfolgt vielmehr eine gedankliche Vorbereitung auf die Zukunft. Damit gelingt es ihnen, Herausforderungen souveräner und schneller anzugehen. Dabei wird realistisch nach vorne geschaut. Die Desaster-Forschung weiß heute, dass resiliente Menschen Unheil nicht durch einen rosaroten Filter betrachten, sondern konstruktiv an die Verarbeitung von Tragödien, Kummer, Sorgen und Wut herangehen.

- Menschen mit Resilienz besitzen eine ausgeprägte **Analysefähigkeit**. Das hilft ihnen dabei, alte, eingefahrene Denk- und Verhaltensmuster abzulegen. Sie erkennen die Ursache der negativen Erlebnisse und setzen sich gezielt damit auseinander. Dabei finden sie bessere Lösungen und Alternativen, die zukunftsorientierte Möglichkeiten bereitstellen.

Resilienz trainieren und Gelassenheit lernen

Krisen besser meistern und das Temperament in den Griff bekommen gelingt Ihnen, wenn Sie die Resilienz stärken und ausbauen. Die US-amerikanische Psychologen-Vereinigung hat dafür vor einiger Zeit eine praktische Anleitung herausgebracht. Sie beinhaltet zum Beispiel folgende Ratschläge:

- Versuchen Sie, Veränderungen und Herausforderungen als festen Bestandteil des Lebens zu akzeptieren.

- Betrachten Sie persönliche Krisen nicht als Hindernisse, die Sie nicht überwinden können.

- Vertrauen Sie auf Ihre persönlichen Ziele und Ihr Können.

- Treffen Sie Entscheidungen aktiv und verabschieden Sie sich von der Opferrolle.

- Beurteilen Sie die jetzige Situation unter dem Aspekt der Langfristigkeit, um neue Perspektiven zu erhalten.

- Starten Sie mit dem Aufbau von sozialen Beziehungen.

- Üben Sie Achtsamkeit und gehen Sie achtsam mit sich selbst um.

- Verinnerlichen Sie eine positive Denkweise über Ihre eigene Person.

Um mehr Gelassenheit zu erlangen und positiv zu denken, gibt es einige Dinge, die Sie machen können:

Reflektieren Sie Krisen und Situationen aus der Vergangenheit, die zu einem Temperamentsausbruch geführt haben. Sobald Sie dort einmal genauer hinschauen, erlangen Sie durch Selbstreflexion die Erkenntnis darüber, welche Herausforderungen Sie bereits gemeistert haben und dass dieses auch in der Zukunft gelingen wird.

Durch die Analyse finden Sie Ihre Stärken und vorhandenen Ressourcen heraus. Die positiven Erkenntnisse verleihen Ihnen Zuversicht. Im Leben läuft nicht immer alles rund. Akzeptieren Sie darum die Situationen so, wie sie sind. Es sind keine bösen Mächte am Werk, die Ihnen die Positivität rauben und Sie falsch leiten. Niederlagen und der Verlust von positivem Denken passieren einfach so aus heiterem Himmel.

Wenn Sie sich die Situation noch einmal vor Augen führen, eröffnen sich ungeahnte Chancen, die Sie für das Lernen von mehr positivem Denken nutzen können.

Schauen Sie nach Lösungen und Auswegen. Damit schaffen Sie die besten Voraussetzungen, um mit Problemen fertig zu werden und mehr Gelassenheit zu erlangen. Aus den Lösungsansätzen entwickeln sich ganz automatisch neue Ziele. Auf diese können Sie hinarbeiten und Ihre Motivation erhöhen, anstatt in eine Schockstarre zu verfallen. Indem Sie Herausforderungen für die Weiterentwicklung nutzen, ergeben sich für Sie einzigartige, nützliche Erfahrungen. Es stellt sich eine erweiterte Sichtweise und ein neues Spektrum an Wissen ein. Damit sind Sie für die nächsten Herausforderungen, die Ihre Gelassenheit und Ihr positives Denken auf die Probe stellen, bestens gerüstet. Resilienz ist daher auch Weiterentwicklung. Beginnen Sie damit, Resilienz aufzubauen. Jeder kann es. Nur einer geringen Anzahl von Menschen bleibt dieses verwehrt.

Zu dieser Erkenntnis ist der US-Psychologe George A. Bonnano gekommen. Laut ihm sind ein Großteil der Menschen mit den besten Voraussetzungen ausgestattet, um Resilienz zu erlernen, mehr Gelassenheit zu erlangen und das seelische Immunsystem auszubauen.

Tipp:
Dankbarkeitstagebuch

Eine regelrechte Geheimwaffe, wenn es um das positive Denken geht: das Dankbarkeits-Tagebuch.

Aber was ist ein Dankbarkeitstagebuch überhaupt?

Ein Dankbarkeits-Tagebuch zu führen ist nicht schwer. Es ist nicht einmal zeitaufwendig. Sie benötigen nur höchstens fünf Minuten (und das ist sehr hoch gegriffen) Zeit am Morgen oder am Abend. Nehmen Sie sich einen Block, ein kleines Heft oder ein kleines Buch und einen Stift. Schreiben Sie nun alles auf, wofür Sie dankbar sind. Egal, wie unwichtig Ihnen etwas erscheint, solange es Sie glücklich macht, schreiben Sie es auf. Sogar Sachen, wie eine neue Geschmacksrichtung bei der Eisdiele in Ihrer Nähe werden aufgeschrieben.

Wenn Sie jeden Tag dasselbe aufschreiben, ist das nicht weiter schlimm. Es geht lediglich darum, zu erkennen, dass diese Dinge, die Sie glücklich machen, da sind. Denn was passiert, wenn Sie das Dankbarkeitstagebuch erst einmal zu Ihrer Routine gemacht haben, ist verblüffend. Sie werden nach einiger Zeit bemerken, wie Sie die positiven Dinge in Ihrem Alltag besser erkennen und mehr Wertschätzen.

Mit dem Tagebuch trainieren Sie Ihr Gehirn darauf, Dinge, für die Sie dankbar sind, zu erkennen. Irgendwann läuft das fast schon automatisch. Sie erhalten somit positive Gedanken auf Autopiloten und das gegen einen minimalen Aufwand einmal am Tag!

Das Positive: Ihr Katalysator zum Erfolg

Es gibt in unserer Welt 2 Instanzen, die über alles und jeden auf dieser Welt ihren Einfluss haben: Erfolg und Misserfolg.

Dabei ist es der Misserfolg, der sich bei vielen Dingen oft auf zwei Hauptgründe zurückführen lässt. Falls Sie nun glauben, dass diese Gründe etwas mit Talent zu tun haben, liegen Sie leider falsch. Viel wichtiger als Talent ist es, ausreichend Zuversicht zu besitzen. Zuversicht oder eben keine und Überanstrengung sind oft genau die Faktoren im Leben, die uns zum Scheitern verurteilen. Meist mangelt es uns an Verständnis über die Wirkung unseres Unterbewusstseins, was zur Folge hat, dass wir nicht in der Lage sind, aus unseren Fehlern zu lernen. Behalten Sie sich immer im Hinterkopf, dass Ihr Unterbewusstsein sich nicht so einfach sagen lässt, was es zu denken hat.

Sobald eine grundlegende Vorstellung akzeptiert wurde, wird Ihr Unterbewusstsein mit den vorhandenen Informationen versuchen, diese Vorstellung zu verwirklichen.

Stellen Sie sich vor, dass es nun Ihr Ziel ist, Pilot zu werden. Sobald Ihr innerer Teil diesen Wunsch wahrgenommen hat, wird dieser versuchen, Sie dazu zu bringen, Ihren Wunsch zu verwirklichen. Sie werden merken, dass Sie nun viel mehr Interesse an Themen wie Urlaub oder Flugmaschinen zeigen werden, da Sie unterbewusst wissen, dass diese Dinge etwas mit Ihrem inneren Wunsch zu tun haben.

Oft sind noch viele andere Faktoren davon abhängig, ob wir unseren Wunsch nun erfüllen können oder nicht. Wir sind oft in der Überzeugung, dass wir nicht genug Talent in einem spezifischen Bereich verfügen, um in diesem professionell zu arbeiten.

Diese Überzeugung ist nichts weiter als eine Ausrede, die wir jeden Tag nutzen, um uns vor Enttäuschungen und Trauer zu schützen.

Tief im Inneren haben wir Angst, dass wir selbst nach tausenden von Stunden immer noch nicht so gut sind, wie wir es gerne sein möchte. Unser Unterbewusstsein teilt uns dann umso deutlicher mit, dass wir uns frustriert fühlen sollten. Frust und Zweifel lassen dann oft unseren Traum ganz platzen.

Um solch ein Szenario zu vermeiden, müssen wir dafür sorgen, dass wir uns permanent mit positiven Gedanken und Anregungen umgeben. Diese werden uns dabei helfen, während unserer Reise standhaft zu bleiben, selbst in den Situationen, in denen wir ab und zu unsere Wohlfühlzone verlassen müssen. Positives Denken wird Sie direkt vom Start bis zum Ende an Ihr Ziel führen. Sie haben nämlich die Möglichkeit, sich Ihr Unterbewusstsein zum größten Verbündeten zu machen. Alles, was Sie dabei tun müssen, ist es, aus Ihren Fehlern zu lernen. Ein Misserfolg ist natürlich nicht einfach zu verarbeiten, gibt unserem Unterbewusstsein aber auch eine große Menge an Informationen, mit welchen dieses nun arbeiten kann.

So lassen sich neue Lösungsansätze finden und Strategien können zu dem noch optimiert werden.

Ein weiteres Problem, welches wir oft selbst beschwören, ist unnötiger Stress. Stress an sich kann etwas Gutes sein. Dieser sorgt dafür, dass wir unser Tempo halten und nicht zurückfallen. Es gibt sogar den Begriff „Gesunder Stress", weil dieser dafür sorgt, dass wir unsere Arbeit nicht vernachlässigen. Stress kann uns also auch vor uns selbst schützen, was besonders wichtig ist, wenn man sich in einem professionellen Arbeitsfeld befindet, in welchem man sich so gut wie keine Fehler, und schon erst recht keine Faulheit erlauben kann.

Wenn Sie sich in einem hektischen Umfeld befinden, sollten Sie jedoch nach jeder Gelegenheit suchen, die es Ihnen erlaubt, ein paar Sekunden Ihren Geist zu entspannen. Eine kleine Kaffeepause hat noch niemanden umgebracht und Sie werden schnell merken, wie Ihr Gehirn, wenn auch nur für einen kleinen Moment, wieder ein bisschen runterkommen kann. Ein langer Tag auf der Arbeit ist sicherlich nicht einfach, aber das ist immer noch kein Grund, seinen eigenen mentalen Zustand zu vernachlässigen.

Wenn Sie der Meinung sind, dass Sie kurz an die frische Luft müssen, sollten Sie nicht zögern, dies auch zu tun. Selbst wenn Sie nur die Augen für eine Minute schließen, können Sie sicher sein, dass Sie für diesen Zeitraum geborgen sind. Blenden Sie die Welt um Sie herum aus und lassen Sie sich für diesen Augenblick in Ihre eigene Welt vertiefen. Wenn Sie bereit sind, können Sie wieder die Augen öffnen. Ich bin mir sicher, dass Sie mit einer neuen Kraft Ihre Arbeit nun noch besser erledigen können, und das, ohne Ihren eignen Verstand zu vernachlässigen! Ein weiteres nützliches Tool, welches Ihnen immer zur Verfügung steht, ist Ihre Vorstellungskraft.

Wenn Sie in die Tiefen Ihres Unterbewusstseins eintauchen, begeben Sie sich auf eine Ebene, die nur Sie kennen.

Es ist ein Bereich, der für jedes andere Lebewesen auf unsere Erde unerreichbar ist. Mit der richtigen Einstellung können Sie aus diesem Ort einen Palast machen, der Ihnen Sicherheit und Wohlbefinden gewährleisten kann.

Wenn Sie aktiv Ihr Unterbewusstsein nutzen, werden Sie auf keinen Widerstand treffen. Es ist also nicht nötig, Ihren Geist dazu zu zwingen, sich in diesen Modus der inneren Ruhe zu begeben. Es reicht schon aus, wenn Sie sich diesen Ort lediglich vorstellen. Natürlich gibt es noch den Teil Ihres Verstandes, der Ihnen sagen wird, dass nichts was Sie sich hier vorstellen echt ist, aber versuchen Sie für einen kleinen Augenblick, diesen Teil einfach auszublenden. Denken Sie an die schönen Dinge, die Sie noch erreichen oder besitzen möchten. Malen Sie sich aus den tiefen Ihres Bewusstseins ein Paradies, welches genau auf Ihre Wünsche zugeschnitten ist. Ihre Fantasie kennt keine Grenzen. Stellen Sie sich vor wie Ihr Leben sein könnte, wenn Sie von all Ihren aktuellen Problemen und Sorgen befreit wären!

Dies dient nicht nur als Motivation, sondern auch als Erinnerung für Sie selbst, dass es nicht immer so war, wie es jetzt gerade ist. Wenn sich die Dinge in unserem Leben verschlechtern, müssen sich diese an einem bestimmten Punkt auch wieder verbessern. Mit genügend Motivation, können Sie alles erreichen, was Sie sich gerade vorstellen.

Wenn Sie mehr und mehr positive Gedanken in Ihr Unterbewusstsein unterbringen, wird sich dieses ganz von allein gleichzeitig mit Ihrem aktiven Bewusstsein verbessern. Sie werden anfangen, die kleinen Dingen mehr zu würdigen. Vielleicht fällt es Ihnen schon leichter, Aufgaben zu bewältigen, die Ihnen sonst nur eine miese Laune bereiten. Und es wird sogar noch besser!

Ihre Träume werden sich mehr und mehr an das positive Klima anpassen. Vergessen Sie Alpträume und Panik-Attacken!

Wer positiv durch den Tag geht, wird umso positiver träumen können!

Wenn Sie viel unterwegs sind und kaum Zeit für sich selbst haben, können Sie nach Alternativen suchen, die Ihnen dabei helfen, positive Gedanken anzuregen. Sie können zum Beispiel einen kleinen Gegenstand mit auf die Arbeit nehmen, welcher Ihnen ein Gefühl von Zuhause gibt. Solche kleinen Anhängsel dienen auch zur Motivation, da sie uns immer daran erinnern, wofür wir jeden Tag aufstehen!

Sport kann auch eine gute Alternative für einen positiven Zeitvertreib sein. Ein ordentliches Work-out tut nicht nur unserem Körper, sondern auch unserer Seele gut. Wenn Sie es allein zu mühselig finden, sollten Sie sich nach einem Partner umschauen, der mit Ihnen zusammen trainiert. Was Sie am Ende machen ist relativ egal, solange Sie sich dabei ordentlich anstrengen. Nach einem intensiven Training setzt unser Körper Glückshormone frei. Sie werden sich also nicht nur beim Training, sondern auch nach diesem viel besser fühlen..

Wissen Sie, was der große Vorteil am Unbekannten ist? Es ist der Moment, in welchem wir realisieren, dass wir uns nicht vor diesem fürchten müssen. Haben Sie einmal den ersten Schritt getätigt, werden die Kommenden noch einfacher sein. Denn was viele von uns oft vergessen, ist die Tatsache, dass auch das Positive in uns eine ansteckende Wirkung hat. Wer schon mal verliebt war weiß, dass man so gut wie alles ertragen kann, wenn man Schmetterlinge im Bauch hat.

Wenn Sie in der Lage sind, sich von ganz allein in solch einen Zustand zu begeben, werden Sie um einiges glücklicher durch das Leben gehen.

Die Faszination bei dieser Sache ist, dass wir selbst entscheiden können, was uns glücklich macht. Für den einen ist es ein schnelles Auto, für den Anderen ein leckeres Essen zum Abendbrot. Wir alle sind unterschiedlich und haben auch unterschiedliche Ansichten. Wenn Sie eine Sache für wichtig halten, sollten Sie sich auch an diese klammern.

Einflüsse von außen sollten Sie nicht weniger interessieren, es geht hier ganz und allein um Sie selbst! Seien Sie stolz auf die Dinge, die Sie gut können.

Sie haben zu jedem Zeitpunkt in Ihrem Leben eine Wahl. Diese Wahl hat so viele Optionen, dass wir diese nicht in eine Liste packen können. Jede Sekunde haben wir die Wahl, etwas zu unternehmen.

Jede Sekunde haben Sie die Gelegenheit, Ihren Einfluss auf diese Welt auszuüben. Jede Sekunde treffen wir eine Entscheidung. Machen wir mit dem weiter, was wir die Sekunde davor getan haben? Wollen wir vielleicht nun mit einer anderen Tätigkeit beginnen? Benötigt unser Körper vielleicht neue Rohstoffe, damit dieser weiterhin funktionieren kann?

Was ich Ihnen damit erneut sagen möchte: Sie und nur Sie allein, können über Ihr eigenes Leben entscheiden. Wollen Sie sich wirklich von negativen Gedanken in die Knie zwingen lassen? Dabei gibt es doch so viele schöne Dinge, die man stattdessen machen kann!

Mit der richtigen Mentalität kann man sorglos in den Tag starten. Nehmen Sie die Dinge selbst in die Hand und zeigen Sie dem Rest der Welt, dass Sie stärker sind! Eine starke Person erleidet immer noch Rückschläge, gibt aber niemals auf!

Manipulation und Einflüsse von außen

Dieses Buch handelt hauptsächlich darum, Ihnen zu zeigen, dass man durch positive Gedanken den Körper und Geist stärken kann. Das ist ein Prozess, der sich in Ihrem inneren abspielt und hat zum größten Teil nichts mit unserer realen Welt zu tun. Doch bin ich mir sicher, dass es immer noch Dinge gibt, vor denen man sich nicht so einfach durch besseres Denken schützen kann. Manchmal erleben wir Situationen, die sich auf einer Skala abspielen, die bis ins Extreme reicht.

Wenn Sie merken, dass andere Ihnen aktiv schaden wollen, wird Ihnen eine bessere Denkweise vielleicht ein bisschen den Schmerz lindern. Am Ende kleben Sie dann aber nur ein Pflaster auf eine gigantische Fleischwunde, die sich in Ihrem Verstand jeden Tag erneut öffnet.

Ich weiß, dass es ein heikles Thema ist, aber es führt kein Weg herum, wenn Sie lernen wollen, wie Sie sich besser von diesen Gedanken schützen können. Ab und zu werden wir in unserem Leben an Stellen geraten, in denen wir uns von Menschen aus unserem Bekanntenkreis manipulieren lassen. Für jeden ist so ein Gedanke natürlich fast unvorstellbar, aber die Realität zeigt uns immer wieder, dass der Mensch oft ein egoistisches Lebewesen ist.

Es kann viele Gründe haben, warum andere uns beneiden oder uns schlichtweg etwas Negatives wünschen.

Ganz oben auf der Liste der Begierde ist das Geld. Was könnten wir nicht alles mit Geld machen? Ein Leben ohne Geld ist kaum vorstellbar.

Hat der eine Erfolg, fühlt sich der andere unterlegen. Diese Gefühle entwickeln sich schnell zu Hass und können in manchen Fällen zu harten Eskalationen führen.

Ähnlich wie mit dem Geld, kann es auch oft passieren, dass Liebe unseren Mitmenschen mehr Schaden als Gutes zufügt. Wer auf eine Beziehung neidisch ist, ist ständig von Giften umgeben, die Körper und Geist auf allen Ebenen attackieren. Von außen lässt es sich immer nur schwer sagen, wer einem treu ist und wer zu später Stunde versucht, uns unser Glück zu nehmen.

Aber denken Sie jedoch daran. Unsere Welt mag vielleicht nicht immer fair sein, aber es gibt immer noch viel mehr Gutes als Schlechtes!

Manchmal glauben wir, dass wir ungerecht behandelt werden. Das ist ohne Zweifel schon vorgekommen, so ist unsere Welt nun leider. Es wird nur dann problematisch, wenn wir unser eigenes Leid auf andere schieben.

Es ist keine Schande, wenn wir nicht sofort erfolgreich sind. Genauso müssen wir auch nicht alles beim ersten Versuch schaffen. Der Mensch lebt und lernt. Das Leben ist kein Rennen, sondern ein Marathon.

5 Strategien verdeckte Manipulationen zu erkennen und abzuwehren

Es gibt unterschiedliche Strategien, mit denen Sie manipulative Menschen erkennen. Solche Personen gibt es im direkten Umfeld, in der Familie, aber genauso im Freundes- und Bekanntenkreis und im Job. Wenn Sie das Gefühl haben, dass aus diesem Umfeld verdeckt Einfluss auf Sie genommen wird, können Sie mit verschiedenen Abwehrmöglichkeiten Manipulationen aufdecken und entgegenwirken.

1. Auf eine fragwürdige Beschaffung von Informationen achten

Wenn Sie Gespräche führen, achten Sie genau darauf, wie sich das Gespräch darstellt. Nimmt es Formen eines Interviews an, sodass nur eine sehr einseitige Kommunikation erfolgt, will der Gesprächspartner mehr über Sie erfahren und Informationen sammeln.

Anschließend werden die Informationen dafür genutzt, um Sie zu manipulieren und in die gewünschte Richtung zu bringen.

Damit das gelingt, muss die andere Person Wissen über Ihre Stärken und Schwächen erlangen. Ein guter Manipulator zeichnet sich durch seine vermeintlichen Stärken aus. Seine Schwächen weiß er sehr gut zu verstecken. Ihre Schwächen werden von ihm genutzt, um Sie zu beeinflussen, ganz gleich, ob für Sie am Ende daraus ein Schaden entsteht. Es gibt aber gute Möglichkeiten, gegen das Aushorchen vorzugehen. Wenn Sie spüren, dass die Kommunikation zu einseitig ist, versuchen Sie den Spieß umzudrehen, um mehr über Ihren gegenüber zu erfahren.

Ein gelungenes Gespräch beruht auf gegenseitigem Austausch und wird nicht zum Interview. Versuchen Sie nur Dinge im Gespräch preiszugeben, worüber der Gesprächspartner Bescheid wissen sollte und lassen Sie sich nicht von ihm dahingehend beeinflussen, tiefer in Ihre Denkweisen und Emotionen einzudringen, um mehr zu erfahren. Das Gespräch lenken Sie in eine andere Richtung, indem Sie viele Fragen stellen oder mit Gegenfragen kontern. Im besten Fall erzeugen Sie beim Gesprächspartner das Gefühl, dass er nichts über Sie erfährt. Damit wird die Situation entschärft.

2. Wahrheiten mit doppeltem Boden

Menschen, die Ihre Denkweisen manipulieren möchten, nehmen es mit der Wahrheit nicht so ernst. Es werden Geschichten erzählt, die so nie geschehen sind oder nur die halbe Wahrheit beinhalten. Oft sind diese Menschen so gut darin, dass die Informationen nicht direkt als Halbwahrheit oder Lügen erkannt werden. Dieses begründet sich darauf, dass Manipulatoren kein schlechtes Gewissen dabei haben, wenn sie sich eine Geschichte zusammenbauen, die ihrem Zweck dienlich ist. Lügen lassen sich aber schnell enttarnen.

Denn der Gesprächspartner kommt bei gezielten, augenscheinlich belanglosen Fragen in Erklärungsnot. Er antwortet ausschweifend und versucht sich überschwänglich zu rechtfertigen.

Besonders Situationen, die am Image des Lügners kratzen und ihn ins falsche Licht rücken, bedürfen aus seiner Sicht einer besonderen Darstellung. Es gibt spezielle Situationen, wo Lügner sofort auffallen. Ein gutes Beispiel dafür ist der Vorwurf, nicht fair, sondern eigennützig gehandelt zu haben oder Kritik im Job.

Wenn Sie das Gefühl haben, zweifelhaften Wahrheiten gegenüberzustehen, entwaffnen Sie diese Person mit Fragen. Gibt es gar keine oder nur ausweichende Antworten und stellt sich Nervosität ein, können Sie davon ausgehen, dass Sie gerade einen Lügner ertappt haben. Weitere, gezielte Fragen sorgen sogar zu einem Rückzug.

3. Übertriebenen Charme genauer betrachten

Eine der größten Waffen von Manipulatoren ist übertriebener Charme. Daher sollten Sie genauer hinschauen, ob das charmante Auftreten dem Naturell entspricht oder nur aufgesetzt ist, um Ihnen zu schmeicheln, um mehr über Sie zu erfahren. Erkennen können Sie Manipulatoren an folgenden Indizien:

- Bevor eine Bitte ausgesprochen wird, erhalten Sie Komplimente.
- Es werden nur in Situationen Gefallen getan, wenn für die Person ein Vorteil dabei herausspringt.
- Bestimmte Gesten werden nur zum eigenen Vorteil genutzt.
- Charme wird nur dann eingesetzt, wenn die Situation Vorteile verspricht.
- Weniger charmant sind diese Personen in anderen, nicht Vorteile bringenden Situationen.

Wenn diese Punkte zutreffen, haben Sie es mit einem Menschen zu tun, der aus eigennützigen Gründen charmant ist. Es ist kein ehrlicher, aufrichtiger Charme, sondern eine oberflächliche Verhaltensweise, die nur zum Eigennutz eingesetzt wird.

Solche Menschen sind Blender, von denen Sie sich nicht hinters Licht führen lassen sollten. Daher beobachten Sie genau und hinterfragen Sie die Beweggründe für das charmante Verhalten. Charmanter Umgang sollte nicht in Verbindung mit Bedingungen stehen, genauso wenig wie einen Gefallen, den Sie jemandem erweisen, nicht an Voraussetzungen gebunden sein sollte. Sagen Sie ruhig einmal „Nein", wenn Sie eine Person mit Charme umgarnt und anschließend etwas von Ihnen möchte. Durch oberflächlichen Charme wird schnell die eigene Gutmütigkeit ausgenutzt, weil der klare Blick vernebelt wird.

4. Rollenmuster lassen sehr tief blicken

Manipulatoren stellen sich als Märtyrer da und werden als gutmütige, helfende, aufopfernde Menschen gesehen, die augenscheinlich alles richtig machen. Diese scheinbaren Opfer, die von der Person erbracht werden, rufen bei anderen Mitgefühl und Sympathie hervor, die nur dazu dient, eine andere Person zu manipulieren. Menschen, die manipulieren wollen, erkennen schnell die Schwächen von anderen Personen und nutzen diese, um Sie emotional zu erpressen. Denn sie wissen genau, was Ihnen Schmerzen bereitet. Mit gezielter Kritik rufen sie ein Minderwertigkeitsgefühl hervor und kratzen an Ihrem Selbstbewusstsein.

Das Ergebnis dieser Situation ist das Gefühl der emotionalen Verpflichtung, sodass Sie sich selbst in die Rolle drängen, dass Sie Ihrem gegenüber etwas beweisen müssen. Eine angebliche Vertrauensbasis kann auch ein Indiz für ein bestimmtes Rollenmuster sein, dass letztendlich auf eine Manipulation hinausläuft.

Ein gutes Beispiel ist ein Geheimnis, das Ihnen anvertraut wird, welches später mit einem bestimmten Gefallen verknüpft wird.

Hierbei können Sie sich sicher sein, dass diese Person Sie manipulieren und zum eigenen Vorteil nutzen möchte. Achten Sie darauf, ob das Anvertrauen des Geheimnisses nur dazu dient, um mehr über Sie zu erfahren. Diese erlangten Informationen werden garantiert später gegen Sie verwendet. Erfüllen Sie die zugedachte Rolle nicht, werden Sie ignoriert oder sogar mit Missachtung und Ignoranz bestraft. Wenn Ihnen eine andere Person diese Rolle aufdrängen möchte, wobei Mitgefühl im Vordergrund steht und von Ihnen Gefallen abverlangt werden, sollten Sie „Nein" sagen. Gefallen erweisen hat grundsätzlich uneigennützige Gründe. Manipulative Menschen spielen mit Ihren Emotionen und versuchen Ihnen Geheimnisse zu entlocken, indem sie Ihnen ein schlechtes Gewissen machen. Die beste Möglichkeit, Rollenmuster zu erkennen, ist beobachten, die eigene Meinung vertreten und nicht voreilig Vertrauen zu schenken.

5. Überprüfen Sie, ob Ihre Entscheidungen frei von Manipulation sind

Menschen, die manipulieren wollen, zeichnen sich dadurch aus, dass sie auf Meinungen und Entscheidungen anderer Einfluss nehmen. Um eine Manipulation zu erkennen, müssen Sie die eigene Entscheidungsfreiheit genauer betrachten und reflektieren. Das gelingt Ihnen mit folgenden Fragen:

- Ist die Entscheidung ohne das Zutun von anderen getroffen worden?
- Ist bei der Entscheidungsfindung Druck von außen ausgeübt worden?
- Wird die eigene Meinung von einer anderen Person stark beeinflusst?
- Gibt es Ängste, dass jemand durch die eigene Entscheidung enttäuscht werden können?
- Gibt es Konsequenzen, wenn Ihre Meinung nicht anders ausfallen sollte?

Wenn Sie diese Fragen mit „Ja" beantworten, wird Ihre Entscheidungsfreiheit durch einen manipulativen Menschen beeinflusst und entspricht nicht mehr Ihren Emotionen und Bedürfnissen.

Diese werden hintenangestellt und finden keine Berücksichtigung. Für den Manipulator ist das eigene Wohl und Ziel vorrangig. Alles andere bleibt dabei auf der Strecke.

Wichtig: Keiner hat das Recht dazu, über Ihren Kopf hinweg Entscheidungen zu treffen. Sie sollten auf Ihr eigenes Urteilsvermögen vertrauen. Erachten Sie eine Entscheidung als richtig und gut, setzen Sie sich ohne Einschränkungen durch. Ihr gesunder Menschenverstand leitet Sie richtig. Nur weil jemand auf sein Recht pocht, heißt das noch lange nicht, dass Ihre Entscheidung falsch ist. Durch Reflexion erkennen Sie, auf welcher Grundlage Ihre Entscheidung basiert. Sind die Argumente überzeugend, sollten Sie nicht von Ihrer Meinung oder Entscheidung abweichen und sich nicht beeinflussen lassen.

11 Tipps für mehr Gelassenheit und inneren Frieden

1. Prüfen Sie Ihre Wahrnehmung

Ist etwas passiert, worüber Sie sich wieder maßlos ärgern und aufregen, sollten Sie einmal genauer schauen, was eigentlich passiert ist. Ist es wahrhaftig so furchtbar? Ist es wirklich so schlimm oder spielt Ihnen Ihre Einbildung nur einen Streich? Eine verbreitete Existenzangst ist beispielsweise: „Wenn ich die Arbeitsstelle verliere, finde ich nie wieder einen Job!" In vielen Fällen ist das eine maßlose Übertreibung und hat nichts mit der Realität zu tun. Allerdings stellt sich hier ein sehr reales Gefühl ein. Um Gelassenheit zu lernen und um inneren Frieden zu finden, müssen Sie Ihre eigene Realität auf den Prüfstand stellen und genau hinterfragen. Diese stellt sich oftmals sehr subjektiv dar und hat dadurch eine prägende Wirkung auf den eigenen Standpunkt.

Haben Sie zum Beispiel das Gefühl, dass es in Ihrem Umfeld einen Menschen gibt, der Ihnen nicht gut gesonnen ist, muss das noch lange nicht die Wahrheit sein. Darum lohnt es sich nicht, sich darüber aufzuregen.

2. Treffen Sie Entscheidungen

Vielleicht haben Sie ja das Gefühl, dass eine andere Person durch ein bestimmtes Verhalten nur darauf aus ist, dass Sie explodieren. Doch denken Sie immer daran, dass Sie die Entscheidung in der Hand haben. Sie haben die Entscheidungsfreiheit, ob sie gelassen reagieren oder auf die Herausforderung anspringen.

Sicherlich werden Sie mit Umständen konfrontiert, wo Gelassenheit unendlich schwerfällt. Sie verspüren den großen Wunsch, die Wut und den Frust herauszulassen. Die anderen tragen ja schließlich die Schuld an der Situation. Gerade in solchen Situationen bedeutet gelassen bleiben, sich zurückzunehmen. Damit haben Sie sich ganz bewusst zu dieser Reaktion entschieden. Nicht auf das provozierende Verhalten einzugehen und Ruhe zu bewahren, bedeutet, Eigenverantwortung zu übernehmen. Denn Sie wissen, dass Ihnen der Wutausbruch und der Stress nicht guttut. Sie belasten damit Ihre gute Gesundheit, die Sie ja eigentlich lange erhalten möchten.

3. Nicht mehr so viel vergleichen

Normalerweise schauen Menschen immer auf andere und stellen Vergleiche an. „Mein Nachbar hat ein schickeres, teureres Auto, mein Kollege fährt dreimal im Jahr in den Urlaub, mein Freund hat ein viel größeres Haus als ich...!"

Solche Denkweisen werden als Aufwärtsvergleich bezeichnet. Sie sehen nur, was andere haben und dass auf der anderen Seite des Zaunes das Gras viel grüner ist. Für solche Aussagen und Denkvorgänge gibt es sogar einen Grund. Durch die sozialen Vergleiche versuchen Sie in einer Gruppe anerkannt und akzeptiert zu werden.

Viele Jahre früher war das für Menschen über-
lebenswichtig. Heute steht Ihnen ein solches
Denken nur im Weg. Denn Sie sehen nur noch
die Menschen, denen es scheinbar besser geht.
Sie beginnen, sich zurückzuziehen und setzen
sich massiv unter Druck. Ihr innerer Frieden
beginnt sich zu verflüchtigen.

Soziale Netzwerke wie Facebook, Instagram &
Co. beeinflussen zusätzlich solche Aussagen
und vergiften die Einstellung. Dadurch ver-
bauen Sie sich den Weg in eine glückliche, ge-
lassene Zukunft. Auf den Social Media Plattfor-
men wird nur das tolle Leben mit seiner Scho-
koladenseite gezeigt. Es gibt nur die tollsten Bil-
der, die das Selbstbewusstsein des Betrachters
tüchtig ankratzen. Es entsteht das Gefühl von
Unterlegenheit. Wenn Sie sich dieser Auswirkungen bewusstwerden, haben Sie die Entscheidungsfreiheit, ob Sie auf den Zug auf-
springen wollen oder nicht. Noch besser ist sogar, dass Sie die Wahlfreiheit besitzen, ob Sie
sich an diesem Spiel beteiligen wollen oder
nicht.

4. Abwärts vergleichen

Es gibt Menschen, die haben es nicht so gut wie Sie, sie müssen auf viele Dinge verzichten. Sie haben einen schlechter bezahlten Job und wohnen mit der ganzen Familie in einer Zweizimmerwohnung.

- Die vielen Menschen in den Ländern der Dritten Welt haben nichts zu essen und leben unter schlimmen Verhältnissen.

- Menschen mit einer Behinderung können ihr Leben nicht mehr alleine und selbstbestimmt gestalten.

- Menschen, die in die Obdachlosigkeit geraten, schieben ihr ganzes Hab und Gut in einem Einkaufswagen durch die Stadt und haben nachts keinen ordentlichen Platz zum Schlafen.

Es mag für Sie jetzt wie Klischees klingen. Doch diese Vergleiche funktionieren sehr gut. Wenn Sie über solche Dinge einmal nachdenken, werden Sie schnell große Dankbarkeit spüren. Es stellt sich Entspannung, innerer Frieden und Gelassenheit ein, weil Sie sehen, wie gut es Ihnen doch geht. Es ist keine Schande, wenn Sie Abwärtsvergleiche nutzen, um sich besser zu fühlen. **Wer sich gut fühlt, stellt die nötige Energie bereit, um anderen Hilfestellung zu geben.** Darum ist es nicht verwerflich.

5. Ausdrucksweise überdenken

Denken Sie einmal über die Wahl Ihrer Worte nach. Das mag vielleicht banal klingen, doch ist es nicht oft genug so, dass schnell aus einer Mücke ein Elefant gemacht wird? Machen Sie beispielsweise aus einem Problem ein MEGA-Problem oder aus schlechten Zahlen KATA-STROPHALE Zahlen? Gehören zu Ihren Lieblingsworten „furchtbar, brutal, irrsinnig und der totale super GAU?"

Bei kleinen Katastrophen werden Sie mit diesen Wortkombinationen zum Katastrophen-Sprecher und zeigen, dass Sie genauso denken! Sie verwenden die völlig überzogene XXL-Sprache und erzeugen damit noch mehr das Gefühl der Ohnmacht.

Sie reden sich selbst ein, dass es nichts mehr zu retten gibt und nichts mehr da ist, was Gelassenheit und Frieden hervorrufen könnte. **Verwenden Sie eine realistische Sprache.** Damit gelingen Ihnen klare Gedanken und Perspektiven, die wiederum zu Gelassenheit führen.

6. Ausgleich schaffen

Das Aneignen von Gelassenheit gelingt leichter ohne Stress. Versuchen Sie Stressfaktoren so gut wie möglich zu vermeiden und suchen Sie sich einen Ausgleich, der für Entspannung neben dem Dauerstress sorgt. Sie stehen mehr als 8 Stunden am Tag unter Hochspannung. Wie wollen Sie da den ständig wechselnden Situationen mit Gelassenheit entgegentreten?

Genauso wie Ihre wichtigen Termine, die Sie gut getaktet planen, nehmen Sie sich in Ihrem Terminkalender Zeit für sich selbst. Sie machen einen Termin mit sich und nutzen dieses Zeitfenster beispielsweise für ein Training im Fitnessstudio, ein Treffen mit guten Freunden, für ein gutes Buch, ganz einfach für Dinge, die Ihnen Spaß bereiten und Sie zur Ruhe kommen lassen. Dinge, die Ihnen Freude bereiten, verursachen keinen Stress, erlauben Ihnen, andere, angenehme Gedanken zu haben und helfen dabei, dass Sie vieles gelassener sehen.

7. Endlich „NEIN" sagen

Besonders wichtig ist das kleine Wort mit den vier Buchstaben, wenn Überforderung droht. Die Arbeit im Büro bekommen Sie kaum noch bewältigt und es wird nicht weniger, sondern mehr, weil Ihnen noch ein Projekt zugeschoben wird oder ein kurzfristiges Meeting ansteht. Wenn es Ihnen zu viel wird, sollten Sie versuchen, falls möglich, zu delegieren. Genauso haben Sie die Möglichkeit, nein zu sagen, bevor alles eskaliert.

Damit sind Sie die Person, die an der Stellschraube der Gelassenheit dreht. Sie passen die Rahmenbedingungen an und beugen damit Druck und Stress vor.

Nein zu sagen bedeutet nicht, dass Sie Schwäche zeigen. Vielmehr verdeutlicht das kleine Wort, dass Sie Ihre Grenzen kennen, die eingehalten werden sollen. Wer nein aus seinem Repertoire gestrichen hat, wird ausgenutzt. Daraus entsteht eine psychische und physische Überlastung, die Sie mit Gelassenheit nicht mehr ausgleichen können.

8. Prioritäten festlegen

Sie haben die Entscheidungsfreiheit in vielen Dingen, die Sie als wichtig, dringend, oder weniger wichtig erachten werden und die Sie abgeben können. Dafür eignet sich die Eisenhower-Methode hervorragend. Durch Ordnung schaffen Sie einen guten Überblick, der wiederum ein Gefühl von Sicherheit gibt. Es entsteht ein entspanntes Gefühl, dass den Weg zu mehr Gelassenheit und inneren Frieden ebnet.

Verdeutlichen Sie sich, dass die meisten Situationen, Dinge und Personen ein Problem für mehr Gelassenheit darstellen. So wichtig, wie diese sich im ersten Moment darstellen, sind sie bei einer zweiten Betrachtung nicht. Stellen Sie die wirklich wichtigen Dinge im Leben den Sachen gegenüber, die Ihnen den Weg zu mehr Gelassenheit und inneren Frieden versperren. Sie werden feststellen, dass es keinen Anlass gibt, die Ruhe zu verlieren.

9. Exit-Strategie

Sie ist die sogenannte Notbremse, die Sie ziehen. Kommt es bei einem Streit zur Eskalation, schaukeln Sie sich nicht noch weiter hoch, sondern ziehen Sie sich zurück und verlassen Sie den Raum. Damit setzen Sie das Signal, dass Sie erst wieder mit dem Gesprächspartner reden, wenn beide Parteien sich beruhigt haben. Die Exit-Strategie nimmt nicht nur die Schärfe aus brenzligen Situationen und hilft Ihnen, gelassen zu bleiben, sondern ist zugleich ein guter Schutzmechanismus für dauerhafte Beziehungen.

Oft werden im Affekt Worte gesagt, die Sie gar nicht mit einer solchen Härte zum Ausdruck bringen wollten.

Anstatt den Gesprächspartner anzugreifen und es später zu bereuen, ist der bessere Weg, frühzeitig bei sich selbst und bei anderen die Bremse zu ziehen.

Zitat:

„Gelassenheit gewinnt man nur in der Besinnung auf das Wesentliche."

Georg Moser

10. Trennen Sie sich von perfektionistischem Denken

Ausgeglichenheit hat einen natürlichen Gegner. Er heißt Perfektionismus und weiß ganz genau zu verhindern, dass Sie endlich einmal „Fünf gerade sein lassen" und Ihre innere Ruhe finden. Er hat an allem etwas auszusetzen und nichts ist ihm gut genug. Wenn Sie Ihr Leben mit mehr Bewusstsein führen, wird Ihnen früher oder später klar, dass Perfektionismus Ihr Weiterkommen verhindert. Er frisst all Ihre Kraft, Energie und verbreitet Unzufriedenheit, da er behauptet, dass Sie es noch besser können. Er ist die Triebfeder, die Ihre kostbare Zeit beschneidet, und treibt Sie dazu, etwas perfekt erledigen zu wollen. Grundsätzlich könnten Sie in dieser verschenkten Zeit zehn andere Sachen zum Abschluss bringen.

Treten Sie dem Perfektionismus mit Gelassenheit entgegen und entscheiden Sie sich bewusst, ob Sie sich wirklich darauf einlassen wollen. Machen Sie sich aber auch gleichzeitig klar, dass es ein „perfekt" nicht gibt.

Tipp:

Entscheiden Sie sich dafür, nicht alles perfekt machen zu wollen. Das ist die bessere Wahl, wenn es um Gelassenheit und inneren Frieden geht!

11. Hören Sie auf, Sachen schnell zu erledigen

Sie kennen das. Es sind noch 20 Minuten, bis Sie den nächsten Termin haben oder ein guter Freund Sie zum gemeinsamen Abend abholt. Da können Sie eben noch...

- das Bett frisch beziehen
- Wäsche aufhängen
- wichtige Mails beantworten
- den nächsten Tag planen.

Plötzlich klingelt Ihr Freund an der Haustüre und Ihnen fällt ein, dass Sie Ihr T-Shirt noch gar nicht gebügelt haben und die Turnschuhe noch schmutzig sind.

Wenn Sie zu der abgebrühten Sorte Mensch gehören, lassen Sie Ihren Freund warten. Grundsätzlich entsteht aber großer Stress, da Sie Zeit damit vergeudet haben, andere Dinge noch schnell zu erledigen. Anstatt produktiv zu sein, haben Sie sich nur verzettelt. Dafür gibt es aber eine patente Lösung!

Wenn Sie einen bewussten Lebensstil pflegen, wird Ihnen ein solches Verhalten immer wieder auffallen. Es eröffnen sich Chancen dafür, dass „mal eben zwischendurch" zu verändern und „jetzt nicht" zu sagen.

Positive Gedanken stärken Ihren Körper

Dass es eine Wechselwirkung zwischen Körper und Geist (Der Seele) gibt, ist schon länger bekannt. Wer körperlich gesund und fit ist, fühlt sich auch geistig munter und kräftig. Auch andersherum gilt: Menschen mit einer robusten psychischen Gesundheit und einem ausgeglichenen Tagesablauf überwinden körperliche Probleme und Einschränkungen meist weitaus schneller - oder werden seltener krank.

Doch das ist natürlich eine sehr ungewöhnliche Sicht auf die gegenseitige Beeinflussung des körperlichen und des psychischen Gesundheitszustands. Und so wenig diese eher oberflächliche Erkenntnis von Fachleuten angezweifelt wurde, so ist lange recht unklar gewesen, wie diese Effekte sich ganz praktisch vollziehen: Was passiert konkret mit oder genauer gesagt in unserem Körper, wenn wir guter Laune sind und optimistisch in die Zukunft blicken?

Und zu welchen organischen Reaktionen kommt es bei Sorgen, Ängsten und Niedergeschlagenheit?

Viele dieser Teile sind bereits erforscht worden. Aber welchen positiven Einfluss die Gedanken- und Gefühlswelt auf unsere Körperabwehr haben kann, konnte nun eine Studie des Israelischen Instituts für Technologie in Haifa zeigen. Demnach aktivieren die Glückshormone unseres Körpers, das Dopamin, bestimmte Teile des Immunsystems: Wenn unser Gehirn dann eine große Menge dieses Hormons ausschüttet, sind deutlich mehr Fresszellen, die Krankheitserreger bekämpfen, in unserem Körper aktiv. Sogar die Zahl unserer Antikörper im Blut erhöht sich deutlich.

Egal ob Zuhause oder bei einem ernsten Gespräch mit dem Chef: Es gehört zu den allzu menschlichen Eigenschaften, Dinge, die einem unliebsam oder unangenehm sind, auf die lange Bank zu schieben.

Das trägt jedoch nach und nach dazu bei, die Stimmung einzutrüben, da sich die unerledigten Probleme weiterhin bewusst und unbewusst in Ihrem System befinden.

Da Sie nun eine Menge Information zu unserem Körper und dessen Verknüpfung zu unserem Geist bekommen haben, müssen Sie nun für sich selbst entscheiden, wie Sie diese Information nutzen möchten. Eine gesunde Ernährung trägt noch Mal mehr dazu bei, Ihren Körper fit und munter zu halten.

Es gibt auf unserer Welt so viele Dinge zu entdecken. Würde unser Körper sich an das Tempo unseres Verstandes anpassen, würden wir wahrscheinlich mit Lichtgeschwindigkeit um unseren Planeten sausen. Unser Körper ist unsere Festung. Er beschützt unsere lebenswichtigen Organe und erlaubt es uns, uns fortzubewegen. Wenn ich über alle die Dinge nachdenke, die mein Körper für mich tut, fällt es mir gleich umso leichter, meine Finger von schädlichen Substanzen wie Zigaretten und Alkohol zu lassen.

Sorgen Sie sich um Ihren Körper. Stellen Sie sicher, dass Ihr Körper mit den Aktionen Ihres Verstandes einverstanden ist.

Sie sind ein individueller Teil unserer Gesellschaft. Zeigen Sie den Menschen, wozu Sie alles imstande sind!

Bonus: 20 ultimative Tricks für ein positives Leben!

Zufriedenheit und gute Laune, gehen mit einem positiven Denken einher. Es wird Ihnen sehr schwerfallen, positiv zu denken, wenn Sie schlecht gelaunt oder komplett unzufrieden sind.

Aus diesem Grund habe ich für Sie die folgenden 20 Tricks zusammengestellt, die Ihr Leben positiv verändern werden!

1. Seien Sie ein ehrlicher Mensch

Auch wenn es so aussieht, als wäre eine Lüge der einzige Ausweg, ist das Lügen dennoch eine schlechte Angewohnheit. Früher oder später fliegt jede noch so gut geplante Lüge durch einen Zufall auf und die Belogenen werden enttäuscht.

Lügen haben noch nie Gutes gebracht und das werden sie auch nie. Wenn Sie Schwierigkeiten haben, ehrlich zu bleiben, versuchen Sie einfach folgendes: Versetzen Sie sich voll und ganz in die andere Person hinein. Stellen Sie sich vor, wie Sie sich als Belogener fühlen würden. Wie würde Ihr inneres aussehen, wenn Sie mitbekommen würden, dass Sie belogen wurden? Wahrscheinlich nicht gerade gut. Merken Sie sich, dass Sie genau dieses Gefühl der anderen Person geben werden und überlegen Sie sich dann noch einmal, ob Sie nicht lieber ehrlich bleiben wollen.

2. Seien Sie bescheiden

Egal ob Sie reich sind oder ob Sie zur Mittelklasse gehören, auch Sie werden bestimmt etwas besitzen, worauf Sie stolz sind. Etwas, worüber Sie sehr glücklich sind und mit dem Sie auch gerne mal angeben.

So einen Besitz zu haben ist wünschenswert und macht viele glücklich. Trotz alledem ist es wichtig, dass Sie eine gewisse Bescheidenheit an den Tag legen.

Durch Besitztümer laufen Sie nämlich Gefahr, einen falschen Sinn für Selbstwert und Sicherheit zu entwickeln. Oftmals schleicht sich dann ein Gedanke wie „Ich habe etwas, also bin ich etwas" ein. So ein Gedanke wird nicht als negativ wahrgenommen, bis der mit ihm zusammenhängende Besitz nicht mehr da ist.

Erst dann kommt man zu der Erkenntnis, dass es zwar schön war, es zu besitzen, es aber keine tragende Rolle im Leben gespielt hat.

Achten Sie auf die Dinge, die im Leben wirklich wichtig sind und sehen Sie Besitztümer nur als ein angenehmes Plus.

3. Gönnen Sie sich auch mal eine Pause

Der neue Bericht muss bald fertig sein, Ihr Kind hat eine Aufführung in der Schule und das andere Kind braucht dringend Hilfe bei einem Referat, dass es am nächsten Tag halten muss.

Kommt Ihnen so ein enger Terminplan bekannt vor? Manchmal müssen wir einfach alles auf einmal erledigen, sodass keine Zeit für die entspannten Dinge des Lebens bleiben. Diese sind aber sehr wichtig für das Wohlbefinden. Wer immer nur an die Dinge denkt, die er noch zu erledigen hat, wird kein Spaß im Leben finden, abgesehen davon ist zu viel Stress auch noch nachweislich ungesund.

Versuchen Sie also, sich jeden Tag zumindest ein wenig Zeit zur Entspannung zu geben, egal wie viele Sachen es noch zu erledigen gilt. Und wenn es nur eine kurze Folge Ihrer Lieblingsserie oder ein viertel stündiger Powernap ist, bauen Sie etwas in Ihren Alltag ein, dass Sie von dem Druck des Stresses befreit.

Nur auf diese Weise können Sie glücklich und mit positiven Gedanken durchs Leben gehen und dabei auch noch gesetzte Ziele erreichen.

4. Das Hier und Jetzt

Unsere Gedanken sind wie ein wilder Sturm. Auf eine unberechenbare Weise schießen uns immer wieder alle möglichen Themen in den Kopf. Leider sind diese oftmals mit Sorgen verbunden. Selbst wenn es keine negativen Dinge sind, an die wir denken, können sie trotzdem zum falschen Zeitpunkt kommen und den Moment komplett kaputt machen.

In den 24 Stunden, den ein Tag hat, kann sehr vieles geschehen, sogar manches, dass wir nie wieder erleben werden. Ohne Frage ist also jeder Moment wertvoll.

Aus diesem Grund sollten Sie lernen, in gewisser Weise im Hier und Jetzt zu leben. Mit „in gewisser Weise" meine ich, dass Sie nicht sorglos mit einer „es wird schon alles gut gehen"-Einstellung durchs Leben gehen dürfen.

Das würde nur zu negativen Ergebnissen führen. Stattdessen sollten Sie verantwortungsbewusst bleiben, während Sie den Moment in vollen Zügen genießen. Lassen Sie störende Gedanken einfach kommen und gehen, beachten Sie sie erst gar nicht. Denken Sie immer daran, dass es jeder Moment Wert ist, ihm 100 % der Ihnen zur Verfügung stehenden Aufmerksamkeit zu geben.

5. Bleiben Sie schuldenfrei

Schulden sind ein sehr großes Problem in der heutigen Gesellschaft. Sie geben einem dieses ungute Gefühl, dass man nicht loswird, bis man die Schulden losgeworden ist. Sie sind wie ein Ballast, den man den ganzen Tag lang mit sich herumschleppt. Versuchen Sie also unbedingt, schuldenfrei zu bleiben! Auch wenn es manchmal schwer ist, müssen Sie stark bleiben. Erinnern Sie sich in schwierigen Momenten daran, welch hohe psychische Belastung Schulden mit sich bringen können. Ist es das wirklich wert?

6. Bleiben Sie immer authentisch

Wirklich authentische Menschen werden immer weniger. Dabei ist es eine Eigenschaft, die sehr viel Lob verdient hat. Wer sie besitzt, geht zufriedener als andere durchs Leben.

Fangen Sie damit an, sich so zu kleiden, wie es Ihnen gefällt, nicht wie es andere akzeptieren und steigern Sie sich dann immer mehr. Sehen Sie ein, dass das Leben zu kurz ist, um sich für andere Menschen auf irgendeine Weise zwanghaft zu verändern! Nicht nur das, manchmal geht fehlende Selbstverwirklichung auch mit Depression oder anderen psychischen Krankheiten einher. Bleiben Sie also unbedingt Sie selbst!

7: Reisen Sie

Ein weiterer Tipp für ein glücklicheres Leben, der Oft unterschätzt wird, ist der des Reisens. Fremde Orte und Kulturen zu entdecken gibt Ihnen ein wunderbares Gefühl inneren Friedens.

Es muss nicht zwingend eine große Reise über die halbe Welt sein, es muss nicht einmal ein anderes Land sein.

Das Entscheidende ist, dass Sie sich aus Ihrer gewohnten Umgebung entfernen und an einen Ort gehen, an dem Sie vorher noch nicht waren. Entfachen Sie die Reiselust in sich, es lohnt sich!

8: Seien Sie ein Vorbild

Begeben Sie sich in die Rolle eines anderen Menschen. Dabei sind Alter, Geschlecht, Hobbys und andere Faktoren vollkommen egal. Sehen Sie sich nun als dieser andere Mensch genauer an. Betrachten Sie Ihre Taten, Ihre Verhaltensweisen, Ihr ganzes Leben. Fragen Sie sich: „Ist dieser Mensch ein Vorbild für mich?"

Wenn die Antwort nein ist, sollten Sie etwas daran ändern. In diesem Fall halten Sie sich nämlich selbst nicht für gut genug, ein Vorbild für andere abzugeben. Wie bereits erwähnt geht ein glückliches Leben mit positivem Denken einher und wenn Sie das erreichen wollen, ist es von Vorteil, ein Vorbild zu werden und sich auch für ein solches zu halten.

Es wird wie eine Art Selbstbestätigung sein, mit der Sie ein Stück innere Zufriedenheit erlangen werden.

9. Lernen Sie nie aus

Ihre Jahre in der Schule sind vermutlich schon vorbei. Das heißt aber nicht, dass es nicht immer noch Sinn ergibt, stetig etwas Neues zu lernen.

Werden Sie zu einem interessierten Lerner. Lernen Sie so viel wie möglich über etwas, das Sie interessiert. Das alte Sprichwort „Wissen ist Macht" kennt nicht ohne Grund jeder. Sie wissen nie, wann Sie welches Wissen einmal gebrauchen können, daher ist alles Neue, dass Sie lernen, die Mühe wert! Abgesehen davon, dass Sie dadurch erheblich gebildeter werden, wird das Anhäufen von Wissen auch Ihre Gespräche mit Ihren Mitmenschen verbessern. Werden Sie zu der Person, der immer alle zuhören, da sie so viel Interessantes zu sagen hat.

10. Wagen Sie sich etwas Neues

„Wer nichts wagt, der nichts gewinnt!" Auch wenn das nicht immer hundertprozentig stimmt, ist es in den meisten Fällen dennoch ein Sprichwort, nachdem es sich zu richten lohnt! Manchmal müssen wir uns etwas trauen, um etwas zu erreichen oder einen unvergesslichen Moment zu erleben.

Lassen Sie sich im Leben auf gar keinen Fall von Ihrer Angst leiten. Wenn Sie den Weg der Angst gehen, werden Sie einmal vieles bereuen. Und das nicht erst auf dem Sterbebett.

Sie werden sich oft darüber ärgern, dass Sie bestimmte Möglichkeiten nicht ergriffen haben, weil die Angst einfach zu groß war. Dabei ist die Belohnung, die auf Sie wartet, wenn Sie es schaffen diese Angst zu besiegen, in den meisten Fällen viel größer als die Angst selbst.

Um Ihre Ängste zu besiegen und sich Neues zu trauen ist es zunächst einmal wichtig, dass Sie sich klarmachen, dass jeder Angst hat, Sie sind damit nicht alleine. Viele Menschen erleben Tag für Tag Situationen, in der sie ihre Furcht, ebenso bekämpfen wie Sie.

Die Tatsache, dass viele Menschen diesen Kampf zu gewinnen wissen, zeigt, dass es möglich ist! Fangen Sie mit Beginn des morgigen Tages damit an, regelmäßig etwas zu tun, wovor Sie angsthaben.

Das muss nichts Großes sein, Augenkontakt mit einer fremden Person zum Beispiel reicht vollkommen aus. In nicht allzu langer Zeit wird Ihnen der Umgang mit der Furcht immer leichter fallen und neue Erlebnisse werden auf Sie warten.

11. Leben Sie gesund

Hier ist er wieder: Der Ratschlag, den man zu genügen, von allen möglichen Personen zu hören bekommt. Auch, wenn es Ihnen schon zu den Ohren herauskommt: Leben Sie gesund! Ein gesundes Leben ist wie ein Grundbaustein für ein glückliches Leben und damit auch für positive Gedanken.

Denken Sie, bevor Sie wieder genervt von diesem Thema abweichen, darüber nach, wie wichtig Gesundheit eigentlich ist. Ohne sie wäre das Leben nicht dasselbe. Egal ob man arm oder reich ist, jeder von uns trägt die Verantwortung, auf seinen Körper zu achten und auf gesunde Weise zu leben. Natürlich werden Sie deswegen kein gesundheitlich gesehen perfektes Leben führen, aber Ihrem Körper und Ihrer Positivität zuliebe sollten Sie sich zumindest Mühe geben.

Treiben Sie etwas Sport, essen Sie abwechslungsreich mit genug Vitaminen, dämmen Sie den Konsum von Rauschmitteln ein. Das alles kann zu einem gesünderen und damit auch glücklicheren Leben mit einem positiven Mindset beitragen!

12. Vergessen Sie nicht, zu geben

Auch hierzu gibt es wieder ein bekanntes Sprichwort: „Geben ist seliger als Nehmen". Das trifft nicht nur für Leute zu, die an das Karma glauben. Immer wenn Sie jemandem etwas Gutes tun, erfüllt es Sie mit einem Gefühl von Freude. Selbst wenn Sie von selbstlosen Gesten nichts halten, werden auch Sie ein wohltuendes Gefühl von Selbstzufriedenheit und Glück verspüren, wenn Sie die Freude anderer sehen. Abgesehen davon wird sich in irgendeiner Form das Karma zeigen und Ihnen etwas Gutes zurückgeben, was kein Hokuspokus, sondern vielmehr eine Reihe glücklicher Zufälle ist. Ein Beispiel:

Sie helfen einem Obdachlosen aus, indem Sie ihm etwas Geld geben. Eine paar Tage später sind Sie auf dem Weg zu einem wichtigen Treffen. Sie tragen Ihr hochwertigstes Outfit, weil es Eindruck zu schinden gilt. Trotz einer abweichenden Wettervorhersage fängt es an zu regnen, da Sie zu Fuß unterwegs sind, werden Ihre guten Klamotten vollkommen durchnässt sein, bis Sie dort angekommen sind, wo Sie hinwollen. Plötzlich treffen Sie auf den Obdachlosen, der sich durch die Spende ein warmes Abendessen leisten konnte.

Er erinnert sich an Sie und reicht Ihnen einen Regenschirm, den er ein paar Stunden zuvor gefunden hatte. Gutes zu tun lohnt sich also immer!

13. Zeit mit den richtigen Menschen verbringen

Ich habe bereits erklärt, warum Sie sich von Negativem trennen sollten.

Nun kommen wir zum Gegenstück: Nämlich zu den Menschen, die Ihr Leben bereichern!

Mit Menschen dieser Art sollten Sie so viel Zeit verbringen, wie Ihnen nur möglich ist, da ihre positiven Eigenschaften sich genauso auf Sie abfärben können, wie die schlechten der negativen Mitmenschen. Es ist wissenschaftlich bewiesen, dass es uns glücklich macht, wenn wir Zeit mit den Menschen verbringen, die wir mögen. Egal ob sie aus der Familie, dem Freundeskreis oder dem Kollegium kommen, suchen Sie mehr Kontakt zu positiven Leuten und auch Sie werden einen Aufschwung Ihrer guten Laune und Positivität erleben!

14. Seien Sie dankbar

Zu oft schätzen wir nicht wert, was wir haben. Für uns sind viele Sachen selbstverständlich, sodass wir erst gar nicht darüber nachdenken, wie das Leben ohne sie wäre.

Als Spitze des Eisberges beschweren wir uns auch noch, weil Andere mehr haben oder wir nicht das bekommen, was wir wollen. Machen Sie diesen Fehler nicht.

Seien Sie nicht wie das Kind, dass mit seiner Familie einkaufen geht und unglücklich ist, weil er ein besonderes Spielzeug nicht bekommt, dabei aber vergisst, dass er im Gegensatz zu seinem Freund sehr viel mehr Spielzeuge besitzt. Natürlich wird es immer Menschen geben, die mehr haben als Sie. Vermutlich werden Sie auch nie vollkommen zufrieden mit Ihrem Leben sein, es wird immer irgendetwas geben, das besser sein könnte. Aber vergessen Sie nicht, dass es umgekehrt genauso ist.

Auch nach unten ist immer alles offen. Manche Menschen wünschen sich genau das, was Sie haben und wären damit überglücklich. Sei es Ihr Auto, Ihr Fernseher oder Ihre Inneneinrichtung. Es ist kein Problem, falls es Ihnen schwerfällt, dankbarer zu werden.

Dafür gibt es einen kleinen Trick. Nehmen Sie sich dafür morgens oder abends etwa fünf bis zehn Minuten Zeit. Holen Sie sich einen Stift und ein Blatt Papier.

Als Nächstes werden Sie alles aufschreiben, wofür Sie dankbar sind. Gehen Sie in sich und realisieren Sie, wie viele Dinge existieren, die Sie glücklich machen und die Sie wertschätzen. Dabei sollten Sie sich nicht nur auf materielle Dinge beziehen, vielmehr sollten Sie wirklich alle Aspekte Ihres Lebens betrachten.

Stellen Sie sich zum Beispiel vor, was wäre, wenn Sie Ihren Partner oder einen anderen Teil Ihrer Familie nicht mehr hätten. Auf der Welt gibt es sehr viele Menschen, die ein Familienmitglied verloren haben und seitdem damit leben müssen.

Oder was wäre, wenn Sie körperlich eingeschränkt wären, wenn Sie nicht laufen könnten? Das würde Ihr Leben um einiges erschweren.

Sie könnten eine geliebte Sportart nicht mehr ausführen oder wären vermutlich erst einmal auf öffentliche Verkehrsmittel angewiesen.

15. Seien Sie verspielt

Verspielt klingt erst einmal nach einem schlechten Witz. Aber einen kindlichen Teil in sich zu behalten ist etwas, was durchaus glücklich machen kann. Damit meine ich jetzt nicht, dass Sie an einem freien Tag zum Spielplatz gehen und dort stundenlang spielen sollen. Was Ihnen auf jeden Fall nicht schaden wird, ist eine kindliche Spontanität zu entwickeln. Wenn Sie Lust haben, schwimmen zu gehen, gehen Sie schwimmen. Wenn Sie tanzen wollen, dann tanzen Sie und wenn Sie ein Lied laut mitsingen wollen, dann singen Sie eben das Lied mit.

Aber aufgepasst: Zwingen Sie sich zu nichts! Wenn Sie zwanghaft versuchen, mehr wie Ihr kindliches ich zu leben und sich dabei aber nicht wohlfühlen, bringt es nichts. Es geht lediglich darum, den kindlichen, nach Spaß suchenden Teil in sich auch einmal ans Licht zu lassen, wenn er ans Licht will.

16. Seien Sie offen für neues

Viele Erwachsene sind durch einen geregelten Alltag zu Gewohnheitstieren geworden. Am Morgen wird bei einem Kaffee in Ruhe die Zeitung gelesen, nach der Arbeit werden die Nachrichten gesehen und abends im Bett wird die Lieblingsserie auf Netflix angesehen, bis es am nächsten Tag wieder von vorne losgeht. Die meisten denken nicht einmal darüber nach, die geliebte Routine einmal zu brechen und etwas Neues zu tun. Wieso sollte man auch das, was sich bereits mehrmals bewährt hat, auslassen und etwas anderes tun?

Ganz einfach: Weil man sonst viele großartige Erlebnisse und Chancen verpasst!

Sie wissen nie, ob Ihnen etwas Freude bringen wird, wenn Sie es noch nie gemacht haben, aber wer das als Ausrede benutzt wird nie ein wirklich erfülltes und glückliches Leben führen.

17: Genießen Sie Ihr Leben

Selbst wenn man sehr alt wird, ist das Leben kurz. Ehe man sich versieht, sind Jahre vergangen. Bei einer doch so kurzen Zeit, die Sie auf dieser Welt verbringen, sollten Sie alle Vorteile, die dieses Leben bietet, genießen.

Selbstverständlich haben Sie Pflichten, die Sie erfüllen müssen. Sie müssen arbeiten, um Ihre Familie zu versorgen, Sie müssen sich um die Entwicklung Ihrer Kinder kümmern, Sie müssen Rechnungen bezahlen usw. Doch egal wie viele Pflichten es sind bzw. wie viel Stress Sie zu haben scheinen, um das Leben zu genießen ist immer Zeit.

Sie können verantwortungsvoll durchs Leben gehen und trotzdem Ihr Leben so leben, wie Sie es sich wünschen. Verbringen Sie Zeit mit Menschen, die Ihnen wichtig sind. Gehen Sie leidenschaftlich Ihren Hobbys nach. Tun Sie was auch immer es ist, dass Sie tun wollen.

18. Gehen Sie Ihren träumen nach

Jeder hat einen Traum. Einen Wunsch, für dessen Erfüllung er alles tun würde. Leider funkt bei vielen Leuten das Leben dazwischen.

Das Leben gibt ihnen einen guten Grund, nicht ihren Träumen nachzugehen und einen anderen Weg einzuschlagen. Wenn Sie sich hierbei wiedererkennen und darunter leiden, sollten Sie etwas dagegen tun. Lassen Sie sich nicht unterkriegen und fangen Sie an zu tun was zu tun ist, um sich Ihren Traum zu erfüllen.

Es gibt eine Weisheit, die Sie sich auf jeden Fall einprägen sollten, die Sie am besten sogar zu Ihrem Lebensmotto machen: **Sie können alles erreichen, wenn Sie es nur wollen!**

Das haben bereits unzählige Menschen unter Beweis gestellt. Menschen, die in sehr armen Verhältnissen aufwuchsen und keine Perspektive zu haben schienen, sind nun sehr wohlhabend. Leute, die mit einer Behinderung zu kämpfen haben, die ihnen ihren Sport, den Sie Tag für Tag verfolgen, erheblich erschweren, haben Höchstleistungen erreicht, die ihnen niemand zugetraut hätte.

Möglicherweise denken Sie sich jetzt, dass das zwar alles schön und gut ist, sie aber mittlerweile zu alt sind, um einen neuen Weg in Richtung Traumerfüllung zu gehen. Ich kann Ihnen versichern, dass Sie das nicht sind. Es ist nie zu spät!

19. Vertreten Sie sich selbst

Vielleicht kommt Ihnen das bekannt vor: Sie
verbringen Zeit mit ein paar Freunden und Bekannten und die Gruppe plant zusammen,
was sie im weiteren Laufe des Abends noch
machen sollte. Es kommen verschiedene Themen auf und letztendlich wird sich für einen
Kinobesuch entschieden.

Eigentlich haben Sie nicht wirklich Lust auf
Kino, aber da Sie bemerken, dass Sie der Einzige mit dieser Meinung sind, stimmen Sie
dem Wunsch der Anderen zu.

Als Nächstes wird diskutiert, welcher Film angesehen wird. Sie haben den Wunsch, einen
etwas unbeliebten Film zu sehen. Ihnen ist bewusst, dass Ihre Wahl nicht angenommen werden wird, weshalb Sie sie erst gar nicht aussprechen und sich wieder einmal dem Willen
Ihrer Freunde und Bekannten beugen.

Falls Sie sich oft in Situationen wie diesen wiederfinden und auf die beschriebene Weise reagieren, wissen Sie bereits, dass sich das nicht gerade gut anfühlt. Wenn Sie Ihre Meinung nicht offen aussprechen und für sie stehen, wird Ihre Gefühlslage verändert.

Wahrscheinlich fühlen Sie sich unterdrückt und bereuen, wie Sie reagiert haben. Wie Sie bereits gelernt haben, hat Ihre Gefühlslage einen großen Einfluss darauf, wie einfach oder schwer Ihnen das positive Denken fällt. Daher werden Sie, während dem Lesen vermutlich schon zu der Erkenntnis gekommen sein, dass die beschriebene Verhaltensweise die falsche ist. Sie sollten sich nicht davor fürchten, Ihre Meinung zu vertreten.

Vielleicht ist das für Sie nicht so einfach wie es zunächst klingt. Daher ein Tipp an Sie, mit dem Sie Ihre Erfolgschancen erhöhen: Arbeiten Sie mit passenden Affirmationen, um das Selbstvertrauen zu stärken.

Wenn Sie sich mit Affirmationen stärken, werden Erfolge bereits nach kurzer Zeit kommen. Sie müssen es einfach bei jeder Gelegenheit üben. Immer, wenn sich Ihnen die Möglichkeit bietet, müssen Sie an Ihrer Meinungsauskunft arbeiten.

Irgendwann werden Sie sich sicher und allgemein einfach besser fühlen, was sich natürlich wieder gut auf die von Ihnen angestrebte positive Denkweise auswirkt.

20. Verzeihen Sie sich Ihre Fehler

Die Vergangenheit ist Vergangenheit. Man kann sie nicht mehr ändern, was passiert ist, ist passiert. Das zu akzeptieren ist aber leichter gesagt als getan. Viel zu oft haben Fehler, die wir in der Vergangenheit begangen haben, einen starken Einfluss auf die Gegenwart oder sogar die Zukunft.

Meistens ist der Grund dafür, dass man sich nicht selbst vergeben kann oder die Folgen der Vergangenheit nicht akzeptieren will/möchte.

Lassen Sie sich durch ein solches Denken nicht Ihr Leben verderben! Es gibt niemanden, auf dessen Konto nicht zumindest ein Fehler steht, der einen negativen Einfluss auf einen oder mehrere Menschen hatte. Und, wie ich bereits am Anfang geschrieben habe, können Sie nichts mehr daran ändern.

Es gibt zwei Möglichkeiten, wie Sie damit umgehen können:

Entweder Sie machen sich wegen der Vergangenheit auf ewig herunter und verschlimmern so den Schaden, die der Fehler angerichtet hat, oder Sie schließen mit ihm ab und leben weiter. Wenn Sie ein würdevolleres und einfach besseres Leben führen möchten, ist die Vergangenheit definitiv eine Baustelle, an der Sie arbeiten müssen. Aber keine Sorge auch das werden Sie mit der Zeit schaffen.

Zusammenfassung

Sie haben bereits viele Methoden gelernt, wie Sie mit negativen Gedanken umgehen können. Wichtig ist, dass Sie die Initiative ergreifen. Lassen Sie sich nicht von Ihrem Unterbewusstsein einschüchtern, sondern nehmen Sie die Dinge in Ihre eigenen Hände!

Zudem wissen Sie auch, dass positive Gedanken uns in vielen Situationen im Alltag helfen können. Bereits kleine Interaktionen können für uns das Licht am Ende des Tunnels sein. Gehen Sie den Dingen nach, die Ihnen Freude und Sicherheit geben. Integrieren Sie diese Elemente in unterschiedliche Ebenen Ihres Bewusstseins. Wenn wir schon beim Bewusstsein sind, wissen Sie jetzt auch, dass dieses eine Menge für Sie leistet. Unser Unterbewusstsein aber leistet noch viel mehr! Dieses muss pausenlos für uns ackern und findet im besten Falle nur eine kleine Phase, in der die Arbeit nicht so mühsam ist.

Denken Sie immer daran, dass Sie jeden Tag viele Informationen verarbeiten. Es ist umso wichtiger, dass diese Gedanken ordentlich sortiert werden. Ist unser Unterbewusstsein überlastet, können wir die Dinge, die sich vor unserem Auge abspielen, nicht mehr ordentlich bewerten!

Es ist natürlich nicht gleich etwas Positives, aber wenn Sie in der Lage sind, schlechte oder unfaire Verhältnisse zu akzeptieren, kann sich dies durchaus positiv auf Ihre allgemeine Denkweise auswirken. Vielen Menschen auf dieser Welt geht es bei Weitem noch nicht so gut wie Ihnen!

Im Leben werden wir auf Personen treffen, die uns am Ende des Tages nur ausnutzen wollen. Dies ist sicherlich nicht schön, gehört aber im Leben nun mal dazu. Sie wissen jedoch nun, dass Sie sich von solchen Menschen nicht beeinflussen lassen dürfen und haben nun das Wissen diese Personen zu entlarven und wie Sie mit diesen Personen umzugehen haben.

Sie wissen, dass Sie ständig auf Ihren Körper achten müssen. Dieser tut so viel für Sie! Ab und zu ist es nicht verkehrt, diesem etwas zurückzugeben. Ein gesunder Körper unterstützt gleichzeitig einen gesunden Geist. Fehlt eines der beiden, kippt unsere Waage schneller als wir denken. Achten Sie immer auf Ihre innere Balance und lassen Sie sich von Rückschlägen nicht entmutigen.

Alles Gute!

Wenn Sie wahrlich, positiver Denken möchten, brauchen Sie die nötige Überzeugung. Sie müssen sich auf das Unbekannte, den Tipps und Tricks in diesem Buch, einlassen. Sie haben mehr als genug Zeit, die Dinge in Ihrem eigenen Tempo zu bearbeiten.

Am Ende ist es immer noch eine Kopfsache. Lassen Sie sich darauf ein, werden Sie in der Lage sein, die vielen Situationen im Leben aus einer anderen Perspektive zu sehen. Ein positiver Gedanke dient uns in vielen Wegen. Er kann uns motivieren, das Unbekannte in Angriff zu nehmen. Wir können schwierige Situationen besser verarbeiten und sind in der Lage, aus diesen zu lernen.

Ich wünsche Ihnen alles Gute und alle positiven Gedanken dieser Welt!

Angelika Hornig

Weitere Bücher von Angelika Hornig sind jetzt auf Amazon verfügbar.
Hierfür einfach <u>Angelika Hornig</u> in die Amazon Suchleiste eingeben.

Hat Ihnen das Buch gefallen?
Angelika Hornig und das Team dahinter wären Ihnen sehr dankbar, wenn Sie sich kurz die Zeit nehmen würden, um eine Rezension zu hinterlassen. Da eine Rezension ein sehr wichtiger Indikator ist, sind wir sehr an Ihrer Meinung interessiert.

Loggen Sie sich dafür einfach in Ihren Amazon Account ein. Sie finden diese Option bei Ihren Bestellungen unter „Schreiben Sie eine Produktrezension".

Vielen Dank und alles Gute!

Haftungsausschluss

Die Umsetzung aller enthaltenen Informationen, An-
leitungen und Strategien dieses Werkes erfolgt auf
eigenes Risiko. Für etwaige Schäden jeglicher Art
kann der Autor aus keinem Rechtsgrund eine Haftung übernehmen. Für Schäden materieller oder
ideeller Art, die durch die Nutzung oder Nichtnut-
zung der Informationen bzw. durch die Nutzung feh-
lerhafter und/oder unvollständiger Informationen
verursacht wurden, sind Haftungsansprüche gegen
den Autor grundsätzlich ausgeschlossen. Ausgeschlossen sind daher auch jegliche Rechts- und
Schadensersatzansprüche. Dieses Werk wurde mit
größter Sorgfalt nach bestem Wissen und Gewissen
erarbeitet und niedergeschrieben. Für die Aktuali-
tät, Vollständigkeit und Qualität der Informationen
übernimmt der Autor jedoch keinerlei Gewähr. Auch
können Druckfehler und Falschinformationen nicht
vollständig ausgeschlossen werden. Für fehlerhafte
Angaben vom Autor kann keine juristische Verantwortung sowie Haftung in irgendeiner Form über-
nommen werden.

Angelika Hornig

Urheberrecht

Alle Inhalte dieses Werkes sowie Informationen, Strategien und Tipps sind urheberrechtlich geschützt. Alle Rechte sind vorbehalten. Jeglicher Nachdruck oder jegliche Reproduktion – auch nur auszugsweise – in irgendeiner Form wie Fotokopie oder ähnlichen Verfahren, Einspeicherung, Verarbeitung, Vervielfältigung und Verbreitung mit Hilfe von elektronischen Systemen jeglicher Art (gesamt oder nur auszugsweise) ist ohne ausdrückliche schriftliche Genehmigung des Autors strengstens untersagt. Alle Übersetzungsrechte vorbehalten. Die Inhalte dürfen keinesfalls veröffentlicht werden. Bei Missachtung behält sich der Autor rechtliche Schritte vor.

Impressum

Kontakt:

MAK DIRECT LLC

2880W OAKLAND PARK

PARK BLVD, SUITE

225C

OAKLAND PARK, FL

33311 Florida

Notizen

Notizen

Notizen

Notizen

ISBN 978-3-7531-7640-6

www.epubli.de